DISCLAIMER

The author and publisher are providing this book and its contents on an "as is" basis and make no representations or warranties of any kind with respect to this book or its contents. The author and publisher disclaim all such representations and warranties, including but not limited to warranties of merchantability. In addition, the author and publisher do not represent or warrant that the information accessible via this book is accurate, complete, or current.

Except as specifically stated in this book, neither the author nor publisher, nor any authors, contributors, or other representatives will be liable for damages arising out of or in connection with the use of this book. This is a comprehensive limitation of liability that applies to all damages of any kind, including (without limitation) compensatory; direct, indirect, or consequential damages; loss of data, income, or profit; loss of or damage to property; and claims of third parties.

Copyright © 2022 LINGUAS CLASSICS

BESTACTIVITYBOOKS.COM

All rights reserved. No part of this book may be reproduced or used in any manner without the written permission of the copyright owner except for the use of quotations in a book review.

FIRST EDITION - Published 2022

Extra Graphic Material From: www.freepik.com
Thanks to: Alekksall, Starline, Pch.vector, Rawpixel.com, Vectorpocket, Dgim-studio, Upklyak, Macrovector, Stockgiu, Pikisuperstar & Freepik.com Designers

This Book Comes With Free Bonus Puzzles
Available Here:

BestActivityBooks.com/WSBONUS20

5 TIPS TO START!

1) HOW TO SOLVE

The Puzzles are in a Classic Format:

- Words are hidden without breaks (no spaces, dashes, ...)
- Orientation: Forward & Backward, Up & Down or in Diagonal (can be in both directions)
- Words can overlap or cross each other

2) ACTIVE LEARNING

To encourage learning actively, a space is provided next to each word to write down the translation. The **DICTIONARY** allows you to verify and expand your knowledge. You can look up and write down each translation, find the words in the Puzzle then add them to your vocabulary!

3) TAG YOUR WORDS

Have you tried using a tag system? For example, you could mark the words which have been difficult to find with a cross, the ones you loved with a star, new words with a triangle, rare words with a diamond and so on...

4) ORGANIZE YOUR LEARNING

We also offer a convenient **NOTEBOOK** at the end of this edition. Whether on vacation, travelling or at home, you can easily organize your new knowledge without needing a second notebook!

5) FINISHED?

Go to the bonus section: **MONSTER CHALLENGE** to find a free game offered at the end of this edition!

Want more fun and learning activities? It's **Fast and Simple!**
An entire Game Book Collection just **one click away!**

Find your next challenge at:

BestActivityBooks.com/MyNextWordSearch

Ready, Set... Go!

Did you know there are around 7,000 different languages in the world? Words are precious.

We love languages and have been working hard to make the highest quality books for you. Our ingredients?

A selection of indispensable learning themes, three big slices of fun, then we add a spoonful of difficult words and a pinch of rare ones. We serve them up with care and a maximum of delight so you can solve the best word games and have fun learning!

Your feedback is essential. You can be an active participant in the success of this book by leaving us a review. Tell us what you liked most in this edition!

Here is a short link which will take you to your order page.

BestBooksActivity.com/Review50

Thanks for your help and enjoy the Game!

Linguas Classics Team

1 - Food #1

살구
보리
바질
당근
계피
마늘
주스
레몬
우유
양파

땅콩
샐러드
소금
수프
시금치
딸기
설탕
참치
순무

2 - Castles

봉	낚	농	마	그	낚	여	하	기	투	여	권	술	수
가	마	권	뽐	여	농	킹	원	사	편	구	가	즐	그
술	마	수	재	물	휴	휴	렵	사	마	관	게	킹	다
봉	렵	공	도	휴	도	농	제	수	진	관	기	왕	자
봉	독	주	다	방	패	편	국	예	심	원	물	스	다
그	투	농	용	낚	활	게	츠	투	도	다	진	물	춤
농	가	야	수	낚	사	식	임	동	공	독	검	다	휴
말	식	킹	원	활	하	농	관	킹	물	포	편	구	서
일	각	수	츠	봉	핑	렵	마	심	캠	렵	그	캠	권
게	투	캠	도	건	캠	고	캠	식	법	스	게	시	원
물	그	석	독	핑	서	귀	퍼	핑	포	가	뽐	벽	여
편	편	법	기	독	츠	한	마	휴	궁	갑	옷	퍼	기
게	독	관	캠	투	낚	츠	킹	던	전	법	구	왕	관
활	게	서	여	편	마	뽐	탑	편	퍼	관	하	조	국

갑옷
투석기
왕관
던전
왕조
제국
봉건
왕국

기사
고귀한
궁전
왕자
공주
방패
일각수

3 - Exploration

휴	수	술	림	활	캠	춤	권	공	봉	뽐	포	이	여
권	진	법	서	휴	공	렵	물	서	이	하	독	흥	농
활	킹	렵	수	위	험	한	우	문	화	술	스	분	봉
뽐	원	다	야	험	즐	농	편	주	포	언	핑	임	수
진	스	스	기	술	스	그	농	하	식	킹	어	진	수
이	킹	공	동	춤	뽐	식	여	동	야	동	가	봉	즐
결	술	뽐	물	캠	봉	독	마	관	생	가	권	퍼	활
츠	정	도	관	피	독	마	재	퍼	그	동	렵	퍼	동
퍼	진	관	새	로	운	봉	하	게	이	휴	이	그	렵
활	권	활	시	먼	마	공	그	하	농	도	관	술	물
동	식	농	원	즐	관	가	물	여	동	발	농	캠	퍼
다	편	이	지	도	휴	뽐	공	여	마	견	핑	편	독
수	하	그	형	용	기	다	식	행	편	림	이	투	농
식	마	하	동	핑	농	핑	야	그	구	핑	공	포	공

활동
동물
용기
문화
결정
발견
흥분
피로

위험
언어
새로운
위험한
우주
지형
여행
야생

4 - Measurements

```
킹 여 심 뽐 킹 야 술 미 도 낚 뽐 가 포 춤
도 구 마 물 투 렵 마 터 재 춤 원 킹 킹 원
도 독 가 춤 게 공 하 물 십 진 수 스 법 원
야 여 캠 구 춤 재 춤 진 뽐 여 뽐 임 핑 츠
관 진 가 휴 춤 게 핑 수 캠 길 바 봉 구 진
활 편 관 림 즐 하 관 원 그 깊 이 가 킹 진
톤 뽐 관 도 서 뽐 재 물 여 편 트 이 포 법
식 즐 퍼 킹 센 무 시 그 그 램 편 임 활 그
정 도 분 식 티 독 게 게 핑 식 관 츠 봉 킹
츠 이 킬 로 미 터 구 예 재 공 렵 퍼 원 관
편 낚 서 림 터 스 봉 다 리 진 캠 핑 활 키
핑 핑 진 예 진 관 마 진 활 터 핑 음 술 술
다 투 원 츠 진 츠 시 스 야 낚 질 량 츠 진
킬 로 그 램 인 치 너 비 관 동 온 스 춤 심
```

바이트
센티미터
십진수
정도
깊이
그램
인치
킬로그램
킬로미터

길이
리터
질량
미터
온스
음량
무게
너비

5 - Farm #2

동	심	여	음	퍼	킹	원	봉	예	라	마	츠	핑	낚
과	일	오	식	이	구	권	기	편	예	편	법	옥	포
법	투	리	그	서	기	관	우	유	목	활	과	수	원
수	농	킹	이	스	식	즐	술	예	초	서	낚	수	렵
서	마	여	하	퍼	가	목	공	포	지	다	물	즐	기
법	게	도	스	핑	동	자	스	휴	동	권	원	가	시
그	재	수	마	임	수	물	법	즐	농	핑	트	봉	수
캠	헛	독	야	임	마	법	동	츠	임	퍼	휴	랙	기
밀	간	퍼	포	야	그	하	다	춤	사	여	동	이	터
독	츠	낚	술	채	술	뽐	보	농	다	독	여	심	식
식	렵	관	권	마	마	편	리	임	술	양	권	츠	동
독	포	심	개	농	부	양	재	원	즐	고	재	뽐	수
킹	식	다	활	핑	구	구	관	권	원	기	투	이	임
구	도	시	킹	가	기	다	원	사	렵	풍	차	스	포

동물
보리
헛간
옥수수
오리
농부
음식
과일
관개

양고기
라마
목초지
우유
과수원
목자
트랙터
야채
풍차

6 - Books

페	이	지	술	재	봉	캠	시	비	그	모	퍼	역	휴
활	중	발	명	미	내	레	이	터	참	험	관	사	마
퍼	성	저	자	있	뽐	봉	즐	예	게	한	관	적	구
리	더	시	구	는	이	킹	도	캠	가	재	련	인	마
킹	캠	츠	즐	킹	진	즐	뽐	이	술	수	관	마	술
여	독	독	술	낚	핑	여	동	여	이	집	뽐	사	하
수	임	수	법	서	면	휴	림	심	동	관	독	공	퍼
게	핑	권	낚	사	사	가	스	심	림	물	림	술	여
야	편	킹	여	시	스	휴	임	소	설	이	동	하	물
킹	휴	츠	재	예	림	도	활	림	문	맥	농	권	다
이	법	츠	핑	봉	봉	문	활	즐	츠	퍼	서	캠	츠
공	야	도	그	법	투	구	학	심	낚	봉	마	츠	뽐
기	캠	기	시	리	즈	하	활	렵	림	동	그	농	물
재	술	식	농	편	하	수	심	재	진	독	다	퍼	동

모험
저자
수집
문맥
이중성
서사시
역사적인
재미있는
발명
문학

내레이터
소설
페이지
리더
관련
시리즈
이야기
비참한
서면

7 - Meditation

킹	뽐	마	공	임	서	독	봉	예	사	낚	음	여	봉	
호	흡	독	깨	어	식	이	농	재	운	휴	악	물	서	
포	휴	수	게	동	림	물	평	화	동	가	습	물	야	
퍼	사	핑	즐	식	야	행	복	스	술	마	관	점	휴	
원	마	식	림	식	심	감	침	활	야	자	봉	시	구	
주	의	가	다	수	여	정	묵	야	낚	구	연	시	낚	
하	수	뽐	생	법	마	핑	서	동	활	사	민	예	낚	
임	즐	정	각	여	렵	다	휴	물	기	림	그	즐	하	
다	낚	사	신	서	게	츠	서	마	음	농	사	렵	여	
농	포	임	핑	즐	퍼	다	야	사	도	휴	하	이	츠	
공	야	편	물	림	술	서	뽐	심	그	렵	뽐	활	봉	
공	수	즐	낚	휴	야	게	친	그	가	휴	즐	휴	투	
진	락	뽐	이	낚	임	야	공	절	감	츠	도	투	이	
여	포	서	휴	하	물	선	명	도	사	즐	독	캠	퍼	

수락
주의
깨어
호흡
선명도
연민
감정
감사
습관
행복

친절
정신
마음
운동
음악
자연
평화
관점
침묵
생각

8 - Days and Months

관	물	십	핑	여	구	식	스	스	공	재	투	십	구
즐	수	뽐	일	구	식	춤	법	물	임	법	임	투	월
금	요	일	요	월	토	시	재	임	권	마	공	술	도
뽐	일	투	일	시	요	스	시	식	휴	재	가	편	즐
하	뽐	칠	월	뽐	일	캠	진	수	수	식	시	퍼
가	예	여	시	심	하	하	임	투	하	독	게	캠	춤
다	가	봉	서	다	심	휴	투	재	스	투	수	법	휴
뽐	술	시	관	사	사	낚	츠	서	뽐	재	마	가	그
마	낚	다	캠	술	마	캠	도	법	술	식	재	농	마
킹	뽐	임	핑	화	휴	마	진	렵	도	렵	봉	기	다
공	식	낚	농	요	가	목	요	일	달	력	구	시	물
기	스	구	주	일	서	활	독	행	진	림	도	림	진
술	가	뽐	림	핑	사	서	휴	투	투	낚	핑	뽐	임
투	법	팔	월	년	농	수	관	즐	하	야	서	캠	즐

팔월
달력
금요일
칠월
행진
월요일
십일월

십월
토요일
구월
일요일
목요일
화요일
수요일

9 - Chess

편	렵	시	활	관	원	독	수	사	가	스	재	심	즐
게	재	각	법	활	휴	게	퍼	진	즐	임	원	투	봉
농	하	게	즐	구	법	물	술	야	쁨	식	관	가	림
게	림	규	칙	원	츠	재	마	다	독	마	시	휴	춤
식	활	독	휴	예	식	심	편	상	대	식	핑	게	재
구	하	농	도	킹	춤	블	랙	식	기	회	원	쁨	여
활	편	관	게	여	물	봉	게	휴	활	권	식	휴	편
야	공	법	임	대	각	선	활	투	캠	재	챔	춤	관
여	권	법	진	구	심	렵	영	리	한	편	피	예	야
공	그	독	킹	서	킹	권	술	림	수	시	언	스	하
공	마	마	퀸	수	동	태	게	시	술	휴	도	쁨	얀
게	츠	킹	기	투	사	토	너	먼	트	농	츠	전	구
플	레	이	어	희	생	스	심	진	스	츠	기	략	츠
낚	스	봉	독	왕	동	물	게	스	시	기	봉	동	핑

블랙
도전
챔피언
영리한
대회
대각선
게임
상대

수동태
플레이어
규칙
희생
전략
시각
토너먼트
하얀

10 - Food #2

식	술	뽐	임	키	토	츠	독	브	로	콜	리	바	봉
예	농	야	렵	위	농	마	공	포	여	계	란	나	캠
여	수	편	수	치	즈	림	토	뽐	춤	닭	츠	나	야
농	즐	공	야	햄	재	물	물	심	휴	술	가	동	쌀
휴	공	요	거	트	킹	버	섯	스	포	술	다	킹	사
야	동	다	림	다	원	투	서	활	도	츠	공	여	재
수	권	활	즐	임	공	편	야	법	관	원	투	동	서
시	예	마	사	과	아	티	초	크	밀	투	뽐	포	물
활	체	구	독	림	야	법	가	셀	러	리	독	관	야
물	리	여	활	임	편	시	이	춤	심	포	츠	법	관
뽐	고	서	술	투	마	재	기	마	야	여	초	콜	릿
기	렵	기	킹	동	킹	예	수	진	권	가	낚	춤	가
식	권	봉	킹	다	스	렵	림	봉	투	지	구	뽐	원
투	투	농	활	독	도	츠	다	활	심	츠	예	낚	다

사과
아티초크
바나나
브로콜리
셀러리
치즈
체리
초콜릿

계란
가지
물고기
포도
키위
버섯
토마토
요거트

11 - Family

물	사	기	야	시	춤	물	다	독	도	진	게	가	부
삼	촌	춤	아	원	공	예	권	다	캠	남	임	여	계
권	핑	손	버	이	원	이	공	림	이	편	원	예	스
게	퍼	자	지	하	즐	즐	게	시	법	모	휴	예	츠
가	게	포	매	림	술	구	딸	물	야	봉	임	킹	기
관	다	마	그	기	구	동	형	츠	휴	술	하	심	그
게	물	그	농	구	편	임	농	관	다	서	게	퍼	즐
선	조	게	예	렵	이	진	구	동	야	독	낚	뽐	그
기	카	서	임	예	야	권	여	모	아	내	동	심	물
야	딸	권	구	어	봉	핑	즐	성	활	활	재	수	권
게	봉	휴	어	린	이	사	킹	즐	여	마	수	휴	심
이	관	재	머	시	가	즐	원	도	식	휴	뽐	킹	휴
조	게	심	니	절	심	식	스	수	야	할	아	버	지
카	독	심	킹	술	편	농	가	독	림	하	다	마	캠

선조
이모
아이
어린 시절
어린이
사촌
아버지
할아버지
손자

남편
모성
어머니
조카
조카딸
부계
자매
삼촌
아내

12 - Farm #1

말	렵	예	도	울	타	리	농	업	동	씨	구	원	진
시	도	물	활	낚	술	물	구	그	투	앗	캠	투	가
하	야	물	게	기	게	쁨	스	킹	물	즐	마	동	동
여	그	야	퍼	마	캠	고	원	식	구	봉	벌	스	렵
핑	농	휴	까	사	꿀	양	퍼	법	법	렵	원	여	쁨
츠	심	즐	마	진	식	이	야	기	식	마	춤	림	투
비	닭	관	귀	쁨	킹	그	농	원	마	투	쁨	심	이
료	춤	서	도	야	재	낚	송	아	지	투	퍼	식	활
야	활	하	봉	물	여	츠	하	캠	킹	게	가	권	관
식	렵	투	술	예	휴	가	활	가	예	건	그	츠	즐
활	염	들	포	진	법	여	재	권	가	쁨	초	동	서
여	당	소	식	기	즐	술	쌀	물	개	핑	핑	쁨	재
독	나	공	편	시	관	림	동	마	야	마	낚	하	진
식	귀	츠	사	물	재	휴	독	다	들	소	야	예	킹

농업 울타리
들소 비료
송아지 염소
고양이 건초
까마귀 씨앗
당나귀

13 - Camping

캐	빈	림	독	법	마	식	캠	호	모	자	원	도	시
공	동	그	동	스	자	수	렵	수	농	구	물	임	봉
렵	농	뽐	달	게	연	투	공	동	원	권	하	법	편
도	술	렵	시	다	술	사	그	포	원	킹	핑	관	서
지	가	춤	야	예	렵	구	독	숲	게	이	밧	스	농
도	마	그	심	휴	재	이	스	뽐	독	권	줄	농	퍼
뽐	농	이	나	캠	즐	권	도	기	림	포	임	기	야
관	스	농	무	침	기	독	츠	수	마	원	가	캠	동
재	캠	투	가	모	반	사	뽐	재	그	여	원	시	캠
츠	동	카	불	험	원	게	게	렵	뽐	수	휴	포	편
물	야	누	곤	충	활	다	핑	술	낚	심	텐	동	편
원	해	활	야	야	공	춤	춤	시	재	미	트	물	물
핑	먹	사	예	산	뽐	야	식	즐	기	공	킹	구	포
서	이	권	술	마	진	사	퍼	서	권	킹	포	휴	봉

모험
동물
캐빈
카누
나침반
재미
해먹
모자

수렵
곤충
호수
지도
자연
밧줄
텐트
나무

14 - Conservation

낚	생	태	계	렵	관	다	공	포	그	임	하	동	포
농	오	렵	재	식	다	츠	진	봉	낚	서	자	도	서
핑	약	염	교	유	마	도	마	뽐	그	퍼	연	기	그
낚	스	농	육	기	예	게	츠	핑	구	여	스	임	캠
렵	활	도	원	농	편	심	원	농	킹	서	러	동	림
녹	하	물	이	츠	구	술	게	다	그	뽐	운	가	즐
색	마	포	퍼	재	활	마	지	속	가	능	한	야	독
가	캠	관	화	핑	사	스	도	원	킹	휴	수	기	스
공	원	퍼	학	뽐	구	활	낚	킹	원	원	마	후	독
마	사	휴	물	진	독	여	구	재	스	수	건	강	핑
임	도	임	질	물	핑	법	권	퍼	봉	킹	뽐	그	하
낚	활	츠	주	활	렵	진	물	원	그	뽐	서	식	지
그	환	활	도	기	가	법	스	포	법	다	재	낚	물
변	경	림	즐	그	예	식	이	림	즐	심	포	포	가

변경
화학 물질
기후
주기
생태계
교육
환경
녹색

서식지
건강
자연스러운
유기농
농약
오염
지속 가능한

15 - Numbers

도	물	편	마	법	포	가	춤	포	편	원	물	일	활
포	마	법	스	핑	활	식	예	낚	가	심	곱	시	
독	수	포	물	두	열	아	홉	농	봉	술	재	농	구
마	마	봉	게	림	일	시	다	휴	투	시	핑	봉	임
십	진	수	여	식	곱	삼	열	아	홉	마	진	동	봉
사	마	다	섯	스	그	수	편	야	구	권	캠	킹	봉
법	그	렵	임	틴	뽐	킹	법	가	렵	즐	킹	마	야
활	동	공	투	편	림	권	시	서	열	두	하	나	구
다	예	임	술	십	가	여	술	진	셋	포	낚	원	관
열	다	섯	여	시	팔	덟	기	투	편	마	독	동	원
수	마	다	퍼	수	심	식	농	법	여	관	술	봉	기
렵	공	사	독	캠	츠	휴	포	춤	하	마	그	스	마
활	활	핑	원	낚	가	진	가	예	림	하	도	포	퍼
수	즐	야	휴	퍼	그	이	스	활	재	퍼	춤	가	여

십진수
여덟
십팔
열 다섯
다섯
십사
아홉
열아홉

하나
일곱
열일곱
여섯
식스틴
열셋
열두
스물

16 - Spices

진	바	공	육	그	술	카	렵	회	활	계	소	독	휴
마	닐	하	두	법	투	르	농	정	향	피	금	생	강
수	라	다	구	술	다	다	즐	원	재	가	서	림	스
고	수	풀	캠	게	야	몸	이	물	즐	공	휴	가	다
가	다	시	렵	게	킹	예	투	구	츠	마	늘	야	사
휴	캠	림	원	핑	하	스	게	뽐	아	니	스	츠	림
서	그	춤	공	커	편	킹	봉	공	재	여	농	포	활
편	기	가	권	민	퍼	법	봉	즐	농	기	여	포	독
시	술	포	구	이	렵	술	사	여	봉	핑	낚	즐	퍼
도	서	예	권	봉	게	림	스	호	편	재	야	법	예
캠	야	재	구	달	퍼	이	양	로	사	독	예	게	이
맛	츠	시	진	콤	임	쓴	진	파	프	리	카	권	스
사	식	투	츠	한	서	권	스	즐	란	뽐	레	뽐	춤
렵	낚	캠	동	휴	임	그	법	퍼	야	심	야	다	그

아니스
카르다몸
계피
정향
고수풀
커민
카레
회향
호로파

마늘
생강
육두구
양파
파프리카
사프란
소금
달콤한
바닐라

17 - Mammals

황	고	래	낚	핑	렵	사	림	림	여	우	동	법	시
소	릴	낚	말	농	렵	핑	즐	마	권	휴	킹	진	편
물	라	츠	구	이	다	진	게	동	구	농	이	봉	스
포	봉	투	시	술	즐	기	봉	활	휴	캠	춤	다	곰
진	퍼	술	다	도	관	물	비	사	기	이	낚	캠	편
투	관	다	술	캥	거	루	버	원	츠	예	법	게	츠
법	휴	춤	기	투	기	편	예	츠	춤	다	활	법	사
농	늑	포	구	관	사	임	마	봉	공	낚	독	하	봉
토	대	심	마	낚	동	물	관	재	도	임	농	휴	가
재	끼	고	양	이	돌	시	사	시	킹	코	구	편	투
스	진	즐	사	투	휴	고	자	예	다	렵	끼	독	술
얼	투	기	린	구	독	봉	래	캠	술	즐	예	리	원
룩	그	기	서	수	즐	구	춤	야	기	동	수	마	숭
말	임	서	휴	편	개	임	독	예	코	요	테	게	이

비버
황소
고양이
코요테
돌고래
코끼리
여우
기린

고릴라
캥거루
사자
원숭이
토끼
고래
늑대
얼룩말

18 - Fishing

원	독	하	게	공	킹	원	포	독	즐	스	여	다	기
렵	서	관	다	마	편	시	대	관	권	수	심	낚	기
독	사	관	게	원	즐	즐	양	스	구	무	쁨	술	진
츠	식	농	원	휴	과	술	즐	게	예	게	임	호	수
낚	츠	활	즐	춤	장	사	츠	휴	농	스	권	즐	그
물	렵	여	림	재	비	킹	턱	봉	물	핑	휴	심	쁨
저	울	인	쁨	원	공	게	독	즐	아	투	마	강	가
원	가	내	시	그	법	하	권	춤	서	가	식	기	낚
물	해	철	사	임	가	야	하	지	느	러	미	캠	야
구	킹	변	식	도	공	기	캠	가	낚	휴	끼	그	훅
바	구	니	게	계	공	다	시	캠	게	츠	하	동	원
동	포	이	수	절	배	투	휴	여	편	휴	임	농	퍼
봉	핑	게	서	춤	관	림	마	동	예	게	술	마	쁨
쁨	다	낚	이	활	활	활	기	츠	물	여	휴	춤	츠

미끼 호수
바구니 대양
해변 인내
장비 저울
과장 계절
지느러미 무게
아가미 철사

19 - Restaurant #1

춤	마	사	법	부	관	핑	동	마	킹	여	하	렵	진
게	독	퍼	식	억	시	핑	음	마	식	하	시	예	스
동	킹	스	야	퍼	임	이	진	식	임	닭	재	그	마
동	법	임	심	림	게	활	권	게	물	낚	공	릇	렵
술	물	식	포	구	수	야	킹	이	소	스	즐	웨	렵
휴	게	술	기	임	다	식	렵	편	시	기	원	이	권
퍼	농	림	원	원	구	관	포	시	빵	디	저	트	여
이	임	여	편	즐	구	야	게	휴	스	야	예	리	쁨
냅	킨	관	진	관	독	임	즐	칼	봉	독	약	스	낚
투	게	스	낚	투	휴	기	캠	심	킹	가	그	서	수
재	료	매	사	식	그	핑	물	고	법	투	메	뉴	츠
사	핑	운	동	림	알	레	르	기	다	야	그	퍼	즐
캠	가	이	킹	활	기	하	독	춤	하	커	춤	관	법
심	도	기	원	권	농	즐	기	관	낚	시	피	예	봉

알레르기
그릇
커피
디저트
음식
재료
부엌

고기
메뉴
냅킨
예약
소스
매운
웨이트리스

20 - Bees

정	원	유	핑	춤	공	서	식	지	사	핑	야	사	캠
법	심	익	식	캠	포	술	날	동	다	재	하	심	
연	기	한	물	하	이	브	개	스	림	음	식	춤	스
독	투	꽃	심	낚	야	동	하	낚	다	재	관	봉	관
기	법	하	춤	뻠	권	핑	곤	관	농	양	야	마	동
포	독	봉	수	심	생	야	하	충	휴	구	성	킹	사
수	분	매	개	자	태	양	물	퍼	독	마	동	원	임
원	가	봉	퍼	관	계	하	권	공	서	츠	마	재	구
봉	여	렵	수	시	게	권	재	구	도	캠	여	수	예
화	분	스	여	권	편	캠	공	즐	뻠	활	임	시	렵
그	관	하	춤	과	사	떼	원	공	심	술	투	수	심
수	봉	킹	물	꿀	일	렵	심	휴	시	동	퀸	춤	공
뻠	재	편	여	뻠	게	밀	낚	물	예	공	스	퍼	림
법	휴	즐	봉	렵	농	랍	가	포	공	림	도	임	봉

유익한
다양성
생태계
음식
과일
정원
서식지
하이브

곤충
식물
화분
수분 매개자
연기
태양
밀랍
날개

21 - Sports

춤	심	휴	서	이	재	법	야	농	봉	구	사	핑	그
킹	관	관	즐	렵	사	캠	렵	구	그	림	게	예	다
다	진	독	투	퍼	여	마	시	그	물	동	수	플	심
편	관	마	포	경	심	시	독	휴	법	선	수	레	캠
즐	스	여	봉	기	심	판	공	시	예	림	시	이	기
서	우	승	자	장	이	게	하	키	챔	봉	스	어	임
농	그	관	전	휴	구	수	관	투	피	투	퍼	스	독
시	활	사	거	원	여	법	동	춤	언	시	퍼	관	다
물	츠	스	독	뽐	공	낚	독	활	십	춤	하	춤	관
코	식	춤	렵	체	조	여	마	스	골	여	렵	사	심
낚	치	운	동	육	임	가	스	퍼	식	프	테	니	스
즐	캠	원	시	관	관	킹	캠	마	뽐	킹	스	마	게
공	즐	동	휴	원	츠	독	심	즐	즐	퍼	팀	스	임
구	뽐	캠	여	뽐	여	춤	킹	가	농	수	예	활	투

선수
야구
농구
자전거
챔피언십
코치
게임
골프
체육관

체조
하키
운동
플레이어
심판
경기장
테니스
우승자

22 - Weather

스	시	춤	도	가	우	독	핑	천	공	투	기	캠	독
하	캠	심	기	뭄	서	기	토	둥	농	마	후	수	동
늘	춤	물	얼	기	원	서	분	네	관	여	림	게	포
임	하	포	음	이	폭	춤	위	구	이	온	허	그	렵
하	관	야	시	미	풍	즐	기	름	법	도	리	이	식
봉	시	재	관	이	야	수	법	봉	임	사	케	구	진
여	재	술	공	열	츠	이	서	재	츠	휴	인	임	핑
심	무	퍼	춤	대	물	스	물	농	수	여	농	시	퍼
마	른	지	안	게	구	권	구	서	극	캠	캠	휴	쁨
휴	재	번	개	진	이	캠	스	원	선	그	투	농	편
그	킹	야	임	시	도	투	식	여	림	예	그	술	농
농	권	렵	스	핑	바	람	봉	즐	가	편	기	츠	그
춤	식	기	즐	재	가	다	휴	예	야	동	독	독	기
핑	이	하	핑	쁨	임	다	렵	공	츠	야	독	구	공

분위기
미풍
기후
구름
가뭄
마른
안개
허리케인
얼음
번개

우기
극선
무지개
하늘
폭풍
온도
천둥
토네이도
열대
바람

23 - Adventure

스	춤	권	시	술	마	편	마	낚	춤	식	가	예	즐
다	농	동	야	도	관	물	임	원	독	재	활	동	권
편	도	독	사	물	림	림	구	농	독	안	편	시	봉
공	임	즐	도	관	킹	그	농	위	진	전	킹	포	새
기	포	투	심	마	킹	진	일	야	험	임	심	쁨	로
회	핑	렵	어	봉	식	목	정	특	이	한	놀	라	운
독	친	시	구	려	시	적	식	하	마	포	핑	용	투
공	식	구	열	광	움	지	춤	야	도	사	원	감	동
포	재	츠	그	가	시	핑	소	풍	전	술	수	스	게
재	춤	핑	야	츠	수	쁨	공	기	서	스	동	수	다
야	편	관	법	편	다	스	춤	기	임	그	권	게	임
다	포	림	편	아	름	다	움	자	기	물	킹	준	비
핑	농	구	원	야	스	원	이	연	쁨	항	기	이	활
휴	법	그	진	식	독	핑	야	스	관	해	쁨	법	스

활동
아름다움
용감
도전
기회
위험한
목적지
어려움
열광
소풍

친구
일정
기쁨
자연
항해
새로운
준비
안전
놀라운
특이한

24 - Circus

물	그	식	술	기	심	농	독	림	그	투	마	법	활
요	술	쟁	이	트	릭	즐	구	물	림	음	농	야	도
시	캠	예	시	원	식	게	곡	핑	핑	킹	악	임	시
뽐	편	물	야	물	퍼	동	예	킹	서	독	가	호	림
서	춤	즐	구	캠	다	구	사	술	핑	공	권	랑	관
수	렵	법	스	편	수	츠	탕	자	사	원	숭	이	렵
동	물	렵	복	장	킹	표	림	원	동	활	야	구	림
렵	가	림	그	여	예	핑	이	텐	동	핑	심	풍	기
코	공	마	가	도	그	도	춤	트	시	야	사	선	포
도	끼	마	술	사	임	관	스	예	퍼	동	다	동	독
가	재	리	물	재	재	야	사	휴	공	이	재	활	독
임	재	도	춤	여	농	서	독	즐	농	뽐	가	수	도
하	투	기	다	도	관	농	기	서	동	이	식	시	휴
물	휴	공	핑	핑	구	경	꾼	마	춤	동	동	마	림

곡예사
동물
풍선
사탕
복장
코끼리
요술쟁이
사자

마법
마술사
원숭이
음악
구경꾼
텐트
호랑이
트릭

25 - Tools

가	밧	줄	낚	다	진	킹	예	림	마	킹	포	임	포
가	시	독	봉	여	독	그	스	게	핑	독	투	농	진
위	권	편	관	투	원	뽐	술	이	핑	캠	렵	심	심
사	편	춤	핑	기	사	사	가	심	독	하	그	농	재
사	다	리	야	게	호	다	재	게	펜	치	캠	다	관
즐	시	법	핑	게	치	기	림	예	휠	뽐	물	도	수
공	심	핑	다	도	키	림	법	도	림	서	도	편	킹
포	서	핑	도	하	스	토	치	나	접	착	제	춤	수
심	캠	삽	휴	투	그	테	림	사	시	식	면	농	하
캠	스	물	진	퍼	케	가	이	춤	다	즐	도	뽐	법
야	봉	투	도	예	이	휴	관	플	구	가	기	끼	활
심	이	휴	권	도	블	기	도	물	법	관	휴	낚	이
퍼	하	투	독	낚	임	농	예	진	마	봉	가	망	임
재	츠	편	봉	스	칼	츠	편	하	퍼	법	독	뽐	치

도끼
케이블
접착제
망치
사다리
펜치
면도기

밧줄
가위
나사
스테이플
호치키스
토치

26 - Restaurant #2

```
다 원 스 다 진 웨 렵 케 이 크 하 예 하 예
동 구 물 투 관 림 이 다 여 시 원 술 농 쁨
심 공 투 이 서 사 얼 터 전 물 츠 포 투 포
물 고 기 숟 가 락 점 음 채 퍼 국 크 기 권
관 킹 의 자 핑 법 심 츠 권 임 수 맛 있 는
낚 술 킹 그 서 독 휴 가 서 퍼 게 마 핑 진
편 포 기 핑 법 독 봉 임 핑 캠 식 수 사 시
퍼 사 쁨 관 퍼 독 향 가 식 스 사 그 동 쁨
투 공 이 쁨 낚 림 신 렵 권 여 편 여 수 임
저 녁 식 사 사 음 료 권 법 원 식 심 이 과
림 소 봉 수 샐 러 드 활 스 포 관 예 쁨 일
활 금 게 마 마 캠 스 도 식 사 술 채 소 식
핑 원 시 투 시 동 편 이 그 원 수 림 기 낚
휴 도 춤 봉 이 봉 킹 게 임 이 프 여 게 투
```

전채
음료
케이크
의자
맛있는
저녁 식사
물고기
포크
과일
얼음

점심
국수
샐러드
소금
수프
향신료
숟가락
채소
웨이터

27 - Geology

재	재	핑	캠	크	동	권	간	투	산	부	핑	동	봉
구	야	물	퍼	식	리	휴	헐	독	호	식	포	심	그
봉	재	심	화	산	이	스	천	즐	포	춤	시	수	캠
핑	구	원	석	사	시	동	탈	츠	서	기	림	캠	쁨
가	핑	권	영	휴	스	투	굴	낚	활	사	즐	원	핑
쁨	춤	활	사	재	렵	시	봉	식	휴	다	휴	활	기
종	유	석	캠	가	층	돌	야	활	도	지	진	이	수
구	수	독	편	법	츠	츠	다	낚	구	렵	봉	포	소
주	기	술	원	시	여	권	하	심	원	휴	이	도	금
게	휴	시	농	즐	예	심	술	투	서	서	대	륙	스
이	다	원	가	수	봉	진	스	기	농	춤	동	재	이
편	핑	봉	탄	야	핑	동	림	용	기	임	칼	재	퍼
농	킹	캠	마	산	산	서	포	암	고	원	슘	예	츠
편	야	여	즐	식	수	핑	물	이	구	물	하	진	춤

칼슘
동굴
대륙
산호
크리스탈
주기
지진
부식
화석

간헐천
용암
탄산수
고원
석영
소금
종유석
화산

28 - House

도	하	렵	그	원	킹	법	샤	애	틱	사	포	관	춤
편	서	가	구	동	공	권	공	워	활	구	기	가	기
기	시	관	독	커	술	예	가	퍼	서	창	권	봉	쁨
독	수	휴	술	튼	구	휴	야	농	식	정	원	시	시
임	관	구	렵	이	원	술	임	퍼	여	원	림	진	핑
기	농	춤	스	지	붕	츠	즐	야	림	가	서	독	관
렵	임	원	부	램	프	활	독	서	바	물	물	투	렵
벽	독	휴	시	엌	편	예	서	춤	닥	시	물	식	키
춤	법	하	스	휴	예	구	마	이	퍼	츠	시	쁨	구
구	거	울	심	투	쁨	식	법	예	춤	예	이	게	심
기	물	타	림	낚	편	킹	하	방	농	차	게	봉	투
편	하	리	난	로	술	봉	농	춤	비	고	이	여	법
예	하	마	서	휴	가	사	구	쁨	활	편	다	술	관
여	문	여	권	공	임	림	구	독	즐	예	편	그	심

애틱 정원
커튼 부엌
울타리 램프
난로 도서관
바닥 거울
가구 지붕
차고 샤워

29 - Comedy

스	광	투	사	그	법	즐	농	캠	권	동	다	원	농
물	대	그	스	기	심	게	편	편	이	임	심	재	담
사	마	재	텔	여	캠	구	독	하	재	퍼	공	림	하
킹	활	쁨	하	레	즉	흥	연	주	미	물	낚	마	캠
재	이	포	하	장	비	기	그	야	캠	기	관	도	술
나	타	내	는	림	르	전	술	춤	동	야	물	다	캠
수	서	진	수	다	그	킹	패	청	중	관	림	춤	다
여	배	우	배	예	독	렵	활	러	예	영	리	한	박
쁨	법	포	우	가	활	쁨	기	이	디	동	권	독	수
즐	츠	술	심	다	낚	웃	음	서	핑	독	법	이
핑	원	마	가	가	심	다	야	임	술	동	심	관	술
기	분	극	장	가	동	즐	도	이	킹	동	포	기	마
투	휴	활	농	원	기	권	사	공	원	식	원	마	낚
공	구	캠	핑	여	도	포	게	동	관	즐	사	캠	투

배우
여배우
박수
청중
영리한
광대
나타내는
재미

장르
기분
즉흥 연주
농담
웃음
패러디
텔레비전
극장

30 - Bathroom

렵	증	다	림	하	캠	캠	동	관	춤	투	휴	깔	야
퍼	다	기	기	다	구	식	임	구	물	진	봉	개	관
시	식	림	비	휴	샴	거	울	거	품	스	하	서	츠
샤	워	핑	누	동	푸	목	포	수	건	편	재	도	이
가	심	포	투	술	휴	식	욕	서	킹	지	식	그	스
스	킹	도	즐	농	즐	식	시	게	도	하	여	하	도
편	예	퍼	츠	봉	시	화	장	실	법	독	사	심	심
권	포	스	동	기	츠	활	동	구	물	편	가	위	식
심	예	낚	동	구	핑	사	예	관	즐	마	수	퍼	캠
물	권	렵	이	예	야	독	이	다	스	농	춤	진	게
하	향	수	도	꼭	지	물	렵	기	활	수	이	휴	뽐
낚	기	수	뽐	다	이	로	동	원	렵	마	관	물	림
편	캠	즐	기	렵	법	션	핑	예	예	수	도	휴	가
게	스	농	렵	츠	킹	렵	식	즐	이	낚	퍼	여	야

목욕
거품
수도꼭지
로션
거울
향수
깔개
가위

샴푸
샤워
비누
스펀지
증기
화장실
수건

31 - School #1

```
춤 봉 다 휴 술 스 종 포 뽐 진 교 봉 시 편
구 하 가 재 수 킹 이 기 서 시 실 시 관 하
시 다 독 가 농 시 법 도 의 임 관 임 심 농
험 선 생 님 펜 그 연 필 서 자 퀴 즈 기 활
술 퍼 낚 알 마 여 원 게 봉 관 가 핑 물 법
뽐 답 변 파 관 진 마 관 투 물 마 서 휴 야
렵 농 여 벳 캠 책 상 진 스 시 법 커 친 구
수 재 권 낚 킹 수 학 독 숫 자 권 그 퍼 독
예 미 캠 낚 임 사 가 퍼 야 포 재 서 동 투
예 구 하 서 수 원 캠 편 뽐 관 기 투 점 심
휴 가 관 렵 퍼 기 권 즐 폴 원 수 퍼 림 퍼
농 편 봉 낚 휴 캠 여 가 더 관 포 원 캠 투
기 이 기 하 물 즐 그 하 퍼 다 이 그 낚 춤
식 수 독 식 임 즐 핑 심 스 원 하 구 수 낚
```

알파벳
답변
의자
교실
책상
시험
폴더
친구
재미

도서관
점심
마커
수학
숫자
종이
연필
퀴즈
선생님

32 - Dance

캠	츠	재	진	킹	술	임	캠	하	관	구	은	사	동
여	구	심	스	가	캠	림	농	하	임	리	혜	킹	동
몸	농	여	구	캠	낚	수	게	이	파	허	듬	고	전
독	임	휴	물	스	서	야	여	야	트	설	전	통	적
기	포	게	나	이	투	렵	즐	츠	너	술	다	하	농
서	재	기	타	가	그	즐	심	공	수	다	예	캠	즐
예	킹	임	내	낚	안	거	농	활	식	낚	예	감	동
쁨	심	도	는	휴	무	운	동	시	각	권	공	게	정
자	세	낚	림	문	음	렵	농	관	투	물	예	투	이
수	학	휴	춤	화	야	악	법	재	법	낚	쁨	예	법
권	원	진	임	예	예	술	봉	독	춤	원	사	재	편
다	예	스	법	독	휴	서	수	식	핑	권	서	편	편
권	공	예	진	림	림	이	동	즐	임	투	예	스	그
하	킹	포	림	가	구	식	캠	핑	다	도	식	물	수

학원 운동
예술 음악
안무 파트너
고전 자세
문화 리허설
감정 리듬
나타내는 전통적
은혜 시각
즐거운

33 - Colors

하늘빛
베이지
블랙
블루
갈색
시안
자홍색
녹색
회색
남빛

마젠타
오렌지
분홍
보라색
빨간색
세피아
바이올렛
하얀
노란색

34 - Climbing

```
서 마 권 가 핑 부 하 봉 임 공 시 재 구 투
진 시 하 이 킹 상 춤 사 츠 동 시 원 활 뿜
원 예 이 드 기 독 스 수 시 시 훈 련 투 포
호 독 마 뽐 이 여 구 심 가 림 캠 여 다 투
기 예 림 이 킹 서 원 법 구 법 핑 하 포 재
심 뽐 예 사 재 활 진 농 공 츠 도 퍼 마 예
심 예 좁 재 식 물 술 재 예 킹 전 마 공 법
동 여 농 은 편 농 고 시 편 관 물 즐 하 이
도 식 캠 부 지 도 도 츠 핑 포 원 야 재 시
수 춤 휴 츠 형 전 문 가 춤 핑 장 안 정 성
여 가 휴 여 공 투 츠 휴 법 뽐 갑 가 시 퍼
임 공 퍼 동 독 분 스 가 퍼 퍼 그 구 동 여
하 원 휴 포 굴 공 위 재 즐 재 예 투 야 즐
게 춤 수 게 활 마 임 기 헬 멧 힘 진 뽐 림
```

고도
분위기
부츠
동굴
도전
호기심
전문가
장갑
가이드

헬멧
하이킹
부상
지도
좁은
안정성
지형
훈련

35 - Shapes

동	예	뽐	진	권	핑	하	뽐	물	재	즐	법	술	편
그	다	기	포	심	물	도	곡	선	즐	그	휴	킹	츠
원	원	동	예	편	하	공	춤	핑	진	하	시	식	원
뿔	공	야	심	프	편	임	야	투	휴	이	이	측	구
농	퍼	마	동	리	원	렵	그	구	하	도	봉	원	면
그	활	법	림	즘	관	쌍	법	포	이	다	삼	타	원
재	포	술	원	그	즐	곡	하	수	포	렵	각	원	공
투	서	시	마	술	술	선	호	예	스	원	형	형	독
정	사	각	형	이	모	서	리	마	춤	수	뽐	포	사
즐	킹	진	게	가	장	자	리	물	활	공	핑	캠	원
가	그	도	직	임	캠	농	투	입	스	피	라	미	드
법	렵	가	사	농	투	하	독	방	진	진	가	렵	물
농	구	스	각	포	기	그	휴	체	구	법	구	서	핑
실	린	더	형	물	그	관	기	하	낚	여	체	임	림

원뿔
모서리
입방체
곡선
실린더
가장자리
타원
쌍곡선
타원형

다각형
프리즘
피라미드
직사각형
측면
구체
정사각형
삼각형

36 - Scientific Disciplines

```
게 기 독 신 천 문 학 독 농 법 가 뽐 휴 동
핑 포 시 경 활 진 여 마 농 이 투 동 투 물
생 심 고 학 투 식 낚 야 법 낚 편 술 낚 학
물 리 고 언 어 학 휴 뽐 원 하 다 야 물 공
학 학 학 스 구 농 게 뽐 투 권 여 봉 야 캠
공 춤 사 활 야 렵 원 열 역 학 츠 법 스 사
관 캠 캠 림 수 시 권 휴 술 진 캠 재 여 핑
예 휴 광 수 재 임 사 독 이 심 여 활 수 뽐
렵 구 물 지 서 활 농 운 킹 편 법 츠 낚 핑
면 역 학 질 뽐 휴 마 동 핑 하 물 도 렵 농
농 식 학 학 진 농 핑 학 화 킹 사 생 화 학
사 즐 학 도 퍼 림 그 활 그 학 진 스 야 태 림
회 공 가 캠 법 해 부 원 진 원 춤 여 구 학
학 기 활 농 심 뽐 심 식 물 학 독 림 킹 봉
```

해부
고고학
천문학
생화학
생물학
식물학
화학
생태학
지질학
면역학

운동학
언어학
역학
광물학
신경학
생리학
심리학
사회학
열역학
동물학

37 - School #2

```
다 사 연 컴 킹 투 수 달 춤 권 휴 게 낚 춤
수 학 필 하 퓨 렵 하 력 봉 사 전 마 과
버 원 활 봉 다 터 술 투 핑 캠 가 공 킹 학
퍼 스 활 동 춤 활 하 동 수 법 위 문 법 독
재 권 농 하 퍼 캠 권 법 편 시 법 서 봉 마
캠 림 퍼 즐 렵 원 관 물 원 게 임 문 학 농
시 포 이 진 시 야 예 권 스 그 동 봉 진 다
렵 휴 캠 핑 법 야 마 심 마 춤 도 물 진 수
투 이 수 수 독 활 핑 스 식 렵 수 법 핑 진
구 원 가 원 다 즐 렵 술 시 이 구 관 사 봉
수 춤 가 책 휴 킹 식 투 법 종 임 즐 예 림
숙 제 구 마 친 구 도 지 다 즐 이 휴 다 봉
농 여 원 교 육 뽐 서 우 포 물 구 다 관 도
동 편 렵 술 배 낭 관 개 하 가 기 츠 진 임
```

활동
배낭
버스
달력
컴퓨터
사전
교육
지우개
친구
게임

문법
숙제
도서관
문학
수학
종이
연필
과학
가위

38 - Science

데	핑	림	춤	탄	물	유	다	권	서	방	법	분	원
활	이	식	물	산	리	기	낚	스	도	기	원	자	휴
화	석	터	츠	수	학	체	다	임	야	서	여	포	연
학	다	게	기	입	사	봉	스	원	츠	킹	서	춤	기
낚	이	과	학	자	야	서	게	낚	하	진	시	봉	후
하	휴	가	사	게	편	츠	사	캠	포	화	관	편	심
즐	가	설	실	춤	물	츠	권	서	낚	예	여	관	즐
편	즐	농	수	험	포	공	식	핑	기	법	쁨	진	원
서	편	다	권	편	실	게	동	권	킹	식	여	춤	물
포	하	편	도	도	렵	구	핑	핑	마	가	법	림	구
핑	이	재	츠	동	림	시	실	험	춤	마	휴	임	즐
원	수	서	예	농	물	시	사	이	마	기	그	중	력
편	킹	퍼	시	퍼	구	가	사	츠	킹	투	쁨	법	야
물	림	원	독	식	즐	포	심	도	림	수	권	진	캠

원자
화학
기후
데이터
진화
실험
사실
화석
중력
가설

실험실
방법
탄산수
분자
자연
유기체
입자
물리학
식물
과학자

39 - To Fill

킹	다	게	쁨	활	관	다	원	독	사	심	여	하	여
봉	하	도	활	휴	여	물	캠	마	가	원	사	심	행
농	퍼	여	물	게	공	기	수	마	심	동	농	림	가
농	원	독	관	춤	캠	춤	휴	예	재	술	시	투	방
킹	동	독	봉	마	투	임	술	쟁	항	아	리	물	수
식	원	시	하	포	권	이	야	반	핑	바	구	니	통
핑	낚	그	시	렵	공	수	시	하	쁨	꽃	봉	야	츠
포	튜	브	하	원	스	진	술	즐	야	핑	병	독	투
켓	여	농	농	상	자	예	투	재	킹	재	봉	구	법
폴	예	재	식	포	관	패	버	퍼	낚	서	식	가	방
더	투	투	쁨	편	구	다	킷	권	물	랍	병	판	하
수	술	다	다	관	게	핑	하	사	동	관	분	지	사
봉	권	포	다	투	수	낚	물	캠	서	원	동	독	이
투	서	활	스	가	동	공	활	렵	캠	여	게	구	그

가방
분지
바구니
상자
버킷
판지
서랍
봉투

폴더
항아리
패킷
포켓
여행 가방
쟁반
튜브
꽃병

40 - Summer

가	원	이	투	즐	도	원	구	예	스	스	공	여	서
수	킹	물	수	그	재	법	츠	즐	심	구	술	포
다	이	빙	게	활	낚	심	림	츠	캠	캠	즐	렵	핑
낚	동	그	게	편	음	핑	수	휴	식	휴	공	사	법
별	게	권	이	휴	식	악	춤	투	관	술	진	재	가
심	임	여	독	가	예	퍼	편	림	바	다	진	즐	이
샌	기	행	정	예	하	관	기	원	수	캠	물	집	술
핑	들	낚	원	포	도	도	진	기	물	핑	이	서	핑
퍼	핑	추	억	식	하	즐	기	스	도	여	식	기	휴
춤	핑	물	가	킹	하	진	쁨	야	기	가	농	활	마
술	기	킹	기	마	동	다	이	포	술	기	그	수	다
퍼	활	사	임	즐	투	킹	기	쁨	활	식	기	진	이
관	책	친	츠	기	스	편	휴	핑	원	퍼	해	캠	수
게	림	서	구	가	족	쁨	여	이	물	스	변	농	투

해변
캠핑
다이빙
가족
음식
친구
게임
정원
기쁨

여가
추억
음악
휴식
샌들
바다
여행
휴가

41 - Clothes

```
임 수 춤 스 츠 츠 농 모 블 원 츠 휴 공 공
관 그 술 재 농 춤 활 자 라 동 재 캠 사 재
법 법 수 도 샌 들 관 예 우 게 핑 앞 치 마
동 츠 여 마 임 독 게 야 스 식 재 킷 마 원
퍼 춤 투 마 편 재 하 서 이 뽐 활 심 마 시
드 구 관 이 수 법 포 야 식 법 캠 도 마 도
스 레 예 스 림 임 농 공 하 법 심 하 스 동
웨 예 스 카 그 청 셔 봉 뽐 잠 옷 봉 벨 보
터 림 핑 프 기 바 츠 렵 장 이 진 포 트 석
사 야 렵 농 관 지 구 술 구 갑 사 농 독 류
낚 춤 핑 바 독 코 야 공 구 두 다 재 뽐 그
하 임 다 지 팔 트 동 원 권 투 다 여 패 춤
재 마 독 봉 캠 찌 재 렵 춤 여 뽐 구 션 술
낚 포 뽐 가 휴 포 낚 가 관 가 권 킹 공 뽐
```

앞치마
벨트
블라우스
팔찌
코트
드레스
패션
장갑
모자
재킷

청바지
보석류
잠옷
바지
샌들
스카프
셔츠
구두
치마
스웨터

42 - Insects

핑	물	딱	봉	즐	림	예	심	즐	농	렵	관	기	쁨
예	봉	정	낚	기	농	술	시	권	그	흰	개	미	서
무	당	벌	레	춤	츠	이	봉	공	퍼	수	임	동	독
법	농	레	임	편	재	투	원	스	심	투	퍼	포	포
독	시	봉	동	구	물	유	예	게	야	마	서	퍼	봉
이	킹	나	비	하	활	충	술	예	수	농	예	시	진
휴	스	방	투	관	렵	그	진	핑	킹	동	진	술	킹
쁨	바	편	식	구	가	개	미	쁨	사	가	휴	투	즐
농	림	퀴	심	렵	그	마	구	진	진	활	임	하	핑
가	휴	포	벌	레	메	렵	농	퍼	매	딧	관	재	즐
즐	말	권	렵	레	뚜	잠	자	리	시	미	물	수	사
편	벌	여	식	모	기	예	다	츠	이	편	재	낚	원
마	벼	재	예	다	술	도	심	렵	이	사	마	귀	낚
쁨	룩	킹	가	봉	심	시	다	원	술	동	춤	임	도

개미
진딧물
딱정벌레
나비
매미
바퀴벌레
잠자리
벼룩
메뚜기

무당벌레
유충
사마귀
모기
나방
흰개미
말벌
벌레

43 - Astronomy

코	스	모	스	포	물	기	우	주	비	행	사	천	예
스	법	이	달	별	자	리	활	소	행	성	독	문	캠
그	사	구	시	시	림	킹	포	식	스	예	쁨	학	구
시	기	서	술	퍼	봉	도	임	마	낚	구	동	자	춤
쁨	다	휴	츠	투	재	여	캠	로	투	물	편	유	동
춤	도	기	심	권	야	활	게	켓	그	편	위	성	여
예	구	술	게	술	방	스	동	원	다	낚	캠	농	수
도	구	츠	수	시	사	포	임	낚	이	림	마	독	여
초	포	그	하	구	스	술	게	마	쁨	권	렵	진	포
은	신	임	전	망	대	농	시	편	츠	예	낚	킹	이
캠	하	성	운	활	즐	활	즐	게	킹	조	봉	렵	도
가	늘	춤	식	다	여	투	도	수	물	디	독	봉	물
춘	권	법	서	렵	술	이	지	구	다	악	츠	독	사
법	분	춤	그	마	하	게	스	구	다	게	스	술	원

소행성
우주 비행사
천문학자
별자리
코스모스
지구
춘분
은하
유성

성운
전망대
행성
방사
로켓
위성
하늘
초신성
조디악

44 - Pirates

구	독	마	편	임	여	활	여	물	기	지	술	하	나
마	퍼	핑	봉	재	임	이	츠	하	캠	도	스	춤	침
원	투	관	도	독	뽐	렵	여	농	츠	봉	낚	섬	반
렵	서	구	독	동	킹	깃	발	공	동	편	서	활	즐
재	재	권	캠	전	독	원	스	게	포	야	관	해	낚
앵	무	새	하	도	구	승	무	원	전	설	휴	재	변
이	공	수	기	포	여	핑	수	진	림	공	동	심	하
편	원	이	림	킹	식	럼	진	기	임	예	퍼	투	하
다	그	기	술	동	굴	심	선	장	심	임	춤	진	퍼
금	캠	권	츠	가	다	흉	보	물	관	뽐	원	핑	봉
마	권	농	다	법	술	터	다	시	뽐	야	임	권	야
기	가	마	즐	투	시	휴	봉	임	스	림	임	닻	기
편	하	술	하	진	포	나	진	춤	식	캠	위	술	검
뽐	도	식	심	동	마	쁜	독	편	예	핑	모	험	원

모험
나쁜
해변
선장
동굴
동전
나침반
승무원

위험
깃발
전설
지도
앵무새
흉터
보물

45 - Time

```
즐 봉 원 술 관 즐 밤 핑 투 서 춤 예 사 춤
식 독 진 권 핑 수 시 핑 봉 츠 원 게 봉 정
수 편 권 스 권 임 시 물 사 일 예 여 마 오
뿔 지 금 년 가 츠 임 편 스 찍 봉 포 관 늘
렵 활 킹 진 서 캠 임 술 활 심 렵 낚 월 아
츠 서 법 식 수 춤 곧 낚 서 수 이 여 가 침
그 즐 독 시 포 관 동 편 관 편 달 투 편 재
뿔 원 게 시 시 계 포 사 서 예 력 렵 동
휴 수 물 도 즐 연 간 뿔 공 동 핑 봉 공
캠 렵 동 휴 기 렵 구 재 십 년 편 식 예 사
핑 농 다 법 가 야 휴 심 미 게 구 권 포 춤
이 렵 재 원 심 분 구 야 래 스 임 낚 스 뿔
도 세 식 관 시 그 렵 다 임 수 활 전 휴 주
술 기 그 낚 재 사 스 춤 사 시 수 에 렵 주
```

연간
전에
달력
세기
시계
십년
일찍

미래
시간
아침
정오
지금
오늘

46 - Buildings

극	공	마	시	관	병	박	하	임	낚	슈	원	농	농
수	장	대	사	관	원	캠	물	심	핑	퍼	캐	게	춤
재	기	임	독	원	투	가	기	관	식	마	빈	시	야
서	수	츠	게	사	투	스	핑	춤	낚	켓	휴	렵	공
아	파	트	사	춤	다	림	투	영	화	서	경	원	뽐
활	이	사	낚	포	기	서	퍼	활	림	술	기	핑	수
성	물	구	핑	서	농	도	그	활	핑	다	장	캠	이
도	이	도	투	구	뽐	동	권	원	독	캠	물	동	림
수	예	탑	심	공	술	공	이	재	헛	간	투	임	농
포	캠	뽐	즐	뽐	권	이	렵	야	호	전	망	대	휴
수	기	텐	즐	예	구	진	공	도	스	서	츠	술	즐
관	휴	트	물	술	권	심	농	호	텔	다	킹	수	츠
캠	캠	술	관	원	실	험	실	술	식	휴	예	춤	봉
학	교	다	가	대	학	즐	활	독	그	낚	독	임	렵

아파트
헛간
캐빈
영화
대사관
공장
병원
호스텔
호텔

실험실
박물관
전망대
학교
경기장
슈퍼마켓
텐트
극장
대학

47 - Herbalism

물	식	마	수	물	포	예	로	정	뽐	독	기	캠	꽃
투	림	물	바	춤	사	기	즈	원	휴	녹	심	예	식
츠	이	질	춤	원	회	마	권	마	색	맛	물	게	더
기	하	림	타	라	곤	향	리	수	낚	늘	라	벤	더
낚	활	하	기	렵	농	포	활	낚	킹	유	익	한	춤
가	편	스	다	핑	파	춤	편	공	스	마	심	관	스
관	도	마	사	구	슬	동	물	캠	서	재	사	공	춤
활	사	여	하	휴	리	독	투	가	민	사	프	란	뽐
봉	예	물	공	가	스	물	가	퍼	트	식	뽐	물	하
원	편	편	예	춤	오	츠	도	식	방	기	편	츠	농
춤	활	퍼	그	휴	레	즐	심	수	독	향	이	심	권
식	법	기	술	원	가	마	조	람	공	기	족	성	분
가	즐	서	낚	동	노	스	기	그	예	심	야	요	낚
즐	진	게	렵	봉	식	농	구	도	원	예	그	리	투

방향족
바질
유익한
요리
회향
정원
마늘
녹색
성분

라벤더
마조람
민트
오레가노
파슬리
식물
로즈마리
사프란
타라곤

48 - Toys

수	차	드	퍼	시	물	기	투	렵	기	권	편	상
체	스	럼	좋	점	토	책	공	원	투	독	낚	도	상
츠	편	렵	사	아	연	그	츠	봉	수	재	낚	춤	력
춤	게	즐	공	크	하	마	핑	스	포	림	캠	림	도
춤	독	재	낚	레	독	는	포	법	게	하	공	게	원
렵	사	편	공	용	퍼	식	로	봇	임	임	츠	포	퍼
물	봉	게	편	예	하	킹	술	낚	공	포	술	동	킹
인	형	비	행	기	차	렵	게	즐	식	즐	도	가	하
구	활	농	투	수	독	핑	사	핑	기	즐	시	구	기
수	마	관	야	사	원	렵	공	하	진	게	캠	캠	임
투	다	법	자	재	관	심	그	봉	하	물	트	권	진
법	식	핑	임	전	농	포	심	서	츠	시	럭	사	봉
퍼	원	퍼	즐	배	거	구	재	서	렵	휴	하	뽐	포
편	핑	도	구	스	마	도	마	원	구	권	봉	독	림

비행기
자전거
체스
점토
공예
크레용
인형
드럼

좋아하는
게임
상상력
퍼즐
로봇
기차
트럭

49 - Vehicles

```
핑 수 트 럭 캠 동 모 퍼 투 하 가 재 편 임
여 스 랙 식 동 헬 터 구 투 식 서 관 공 편
스 쿠 터 다 봉 휴 리 즐 가 봉 자 스 편 스
여 로 켓 시 법 렵 원 콥 나 룻 배 전 동 퍼
캠 구 스 구 원 독 킹 여 터 시 봉 낚 거 식
렵 춤 도 진 택 림 기 수 원 하 다 가 물 뽐
관 타 이 어 시 술 휴 캐 이 킹 편 식 츠 킹
서 스 법 임 시 이 마 러 이 가 즐 뽐 핑 핑
잠 퍼 심 술 투 엔 서 밴 농 재 심 캠 편 심
수 원 야 예 그 진 낚 야 심 심 야 캠 사 하
함 캠 수 물 캠 뗏 목 구 급 차 서 투 가 재
재 진 이 농 관 즐 수 즐 포 도 농 버 퍼 사
춤 투 이 시 권 예 술 킹 원 낚 동 원 스 예
그 기 이 비 행 기 츠 캠 사 지 하 철 림 기
```

비행기
구급차
자전거
버스
캐러밴
엔진
나룻배
헬리콥터
모터

뗏목
로켓
스쿠터
잠수함
지하철
택시
타이어
트랙터
트럭

50 - Flowers

캠	법	임	사	야	재	퍼	관	공	림	술	권	하	플
재	하	하	낚	백	합	가	그	시	사	봉	핑	투	루
렵	휴	편	포	투	양	핑	즐	퍼	츠	수	선	화	메
기	사	예	여	임	귀	재	꽃	다	발	수	원	편	리
낚	게	핑	포	히	비	스	커	스	모	튤	기	마	아
서	재	예	진	법	동	민	예	독	란	립	임	여	원
캠	춤	관	스	심	캠	야	권	도	기	관	낚	봉	권
낚	치	자	킹	식	원	진	다	공	독	임	즐	캠	포
가	춤	기	휴	농	낚	뽐	게	낚	낚	야	꽃	진	식
낚	낚	야	라	해	바	라	기	그	목	련	잎	야	렵
민	들	레	술	벤	킹	뽐	금	라	데	이	지	관	독
렵	여	클	로	버	더	뽐	여	송	일	공	렵	구	퍼
재	그	림	휴	킹	렵	즐	난	초	화	락	시	법	진
식	다	편	낚	여	편	봉	임	춤	렵	수	물	그	스

꽃다발
금송화
클로버
수선화
데이지
민들레
치자
히비스커스
재스민
라벤더

라일락
백합
목련
난초
모란
꽃잎
플루메리아
양귀비
해바라기
튤립

51 - Town

법	휴	진	야	킹	농	구	갤	공	항	포	원	스	동
봉	이	료	동	도	빵	시	러	여	권	그	핑	시
즐	낚	소	렵	다	집	슈	플	로	리	스	트	재	시
캠	호	킹	퍼	츠	구	그	퍼	진	사	활	구	수	퍼
구	텔	진	사	농	동	낚	렵	마	즐	심	캠	권	퍼
식	기	기	심	스	진	그	킹	공	켓	서	봉	농	춤
춤	구	휴	물	즐	이	하	춤	이	뽐	여	영	식	식
공	가	게	시	기	도	봉	다	은	행	관	화	활	예
이	구	게	림	편	관	활	법	낚	식	여	학	교	식
츠	하	동	물	원	술	원	즐	휴	즐	마	가	다	춤
술	경	핑	물	렵	즐	동	농	스	림	공	캠	기	스
시	기	임	예	츠	구	춤	휴	약	박	물	관	여	즐
킹	장	극	장	다	원	농	동	국	포	도	서	관	예
임	퍼	가	대	학	기	이	휴	진	마	다	점	활	킹

공항
빵집
은행
서점
영화
진료소
플로리스트
갤러리
호텔
도서관

시장
박물관
약국
학교
경기장
가게
슈퍼마켓
극장
대학
동물원

52 - Antarctica

만	다	편	식	심	편	그	츠	여	야	봉	진	하	다
술	하	임	렵	보	임	원	독	야	식	동	구	물	임
연	재	물	관	존	임	투	임	츠	즐	다	여	관	마
구	름	여	림	이	환	수	물	지	형	식	투	렵	퍼
원	다	캠	포	농	경	원	여	낚	리	렵	임	심	츠
농	게	휴	편	도	퍼	포	렵	심	이	학	기	봉	그
포	식	퍼	사	림	수	대	륙	원	농	빙	하	예	그
봉	심	법	얼	이	서	불	식	독	수	휴	핑	마	림
원	봉	반	음	츠	임	식	안	원	이	주	농	술	권
관	온	도	렵	원	다	후	미	정	도	가	조	섬	재
식	재	구	춤	농	스	뽐	권	캠	한	그	관	류	공
진	즐	권	츠	서	렵	하	마	포	그	수	그	킹	킹
춤	낚	물	춤	그	게	임	투	농	그	물	스	농	림
휴	과	학	적	술	츠	봉	즐	사	봉	동	하	편	가

조류
구름
보존
대륙
후미
환경
원정
지리학
빙하

얼음
이주
반도
연구원
불안정한
과학적
온도
지형

53 - Ballet

춤	다	진	도	동	캠	다	투	댄	리	활	심	낚	독
다	즐	법	진	여	춤	하	투	서	허	렵	편	뽐	퍼
진	시	사	야	하	사	편	시	포	설	게	츠	서	이
농	캠	서	뽐	식	게	우	술	물	오	권	캠	시	이
하	작	사	서	도	림	아	이	서	케	강	렵	구	가
포	안	곡	기	예	즐	한	술	투	스	다	렬	츠	식
스	무	재	가	이	그	예	그	수	트	리	듬	함	림
게	캠	임	기	발	레	리	나	춤	라	기	술	게	술
제	스	처	다	다	즐	예	타	하	구	공	심	관	편
시	타	도	법	예	핑	술	내	뽐	여	도	음	하	관
가	일	투	츠	술	연	습	는	기	법	원	박	악	독
법	킹	근	육	적	즐	츠	즐	사	가	즐	수	기	하
야	진	츠	즐	사	농	예	구	물	봉	마	업	술	청
심	휴	법	츠	포	예	동	공	핑	림	동	게	진	중

박수
예술적
청중
발레리나
안무
작곡가
댄서
나타내는
제스처
우아한

강렬함
수업
근육
음악
오케스트라
연습
리허설
리듬
스타일
기술

54 - Human Body

진	진	목	심	게	구	게	하	다	퍼	입	여	구	핑
진	킹	수	물	발	심	캠	재	동	권	술	킹	재	마
뽐	동	권	뽐	물	목	마	임	다	림	활	진	식	예
마	림	물	포	가	림	권	관	공	서	식	편	다	동
포	마	술	퍼	이	봉	츠	림	츠	원	기	무	그	낚
원	구	가	진	서	림	수	야	가	수	낚	릎	물	서
스	춤	마	뼈	심	이	시	게	여	여	관	여	투	수
이	어	깨	권	장	원	얼	굴	손	가	락	피	부	권
즐	게	턱	임	권	심	독	물	기	공	캠	츠	뽐	공
렵	낚	편	임	림	투	서	팔	꿈	치	캠	림	핑	사
도	독	츠	물	법	하	물	술	핑	권	다	머	봉	공
권	마	수	공	입	즐	야	낚	공	뇌	렵	리	봉	수
동	킹	법	예	독	코	투	마	야	예	공	봉	귀	츠
즐	스	활	도	츠	술	원	진	시	그	캠	여	독	임

발목
팔꿈치
얼굴
손가락
머리
심장

무릎
다리
입술
어깨
피부

55 - Musical Instruments

```
하 클 라 리 넷 관 편 하 심 게 탬 바 킹 뽐
프 트 럼 펫 포 츠 서 독 술 수 버 이 게 오
포 그 즐 동 심 뽐 법 재 포 야 린 올 도 보
편 예 관 여 다 권 사 동 이 그 독 린 스 에
춤 여 재 킹 림 여 플 루 트 롬 본 진 법 심
기 타 관 그 츠 법 만 투 첼 킹 바 순 편 이
피 아 노 림 진 마 진 돌 심 로 이 식 시 하
심 야 재 킹 진 림 동 뽐 린 춤 독 그 그 진
렵 권 킹 하 렵 바 즐 징 핑 림 가 농 동 뽐
밴 다 서 독 투 공 물 포 즐 진 동 시 진 봉
조 임 봉 수 구 서 스 차 타 북 편 휴 스 권
기 하 수 캠 진 독 기 임 식 악 여 색 츠 공
킹 포 킹 퍼 활 하 즐 츠 다 킹 기 소 식 독
여 예 야 서 뽐 휴 도 술 야 춤 재 폰 도 즐
```

밴조
바순
첼로
차임
클라리넷
플루트
기타
하프
만돌린

마림바
오보에
타악기
피아노
색소폰
탬버린
트롬본
트럼펫
바이올린

56 - Fruit

코	그	마	포	사	도	천	동	심	즐	다	활	복	투
봉	코	동	권	과	휴	도	그	동	봉	캠	권	숭	파
예	게	넛	킹	권	춤	복	즐	살	무	레	몬	아	파
공	킹	퍼	관	망	다	숭	키	구	화	게	바	라	야
시	재	시	활	파	고	아	위	아	과	림	나	즈	심
포	도	사	즐	인	공	시	편	바	심	체	나	베	스
활	즐	기	구	애	하	권	편	휴	베	리	스	리	멜
예	봉	원	림	플	독	심	야	핑	동	술	동	휴	론
술	원	휴	휴	투	뽐	심	렵	스	농	식	농	예	배
공	활	마	사	심	편	림	여	관	퍼	관	휴	다	퍼
활	봉	캠	낚	봉	렵	도	심	물	츠	춤	이	이	동
심	활	시	캠	킹	여	림	심	심	뽐	기	시	물	이
원	림	심	다	다	다	관	그	식	휴	투	림	활	휴
아	보	카	도	그	기	하	예	공	법	핑	렵	여	수

사과
살구
아보카도
바나나
베리
체리
코코넛
무화과
포도
구아바

키위
레몬
망고
멜론
천도 복숭아
파파야
복숭아
파인애플
라즈베리

57 - Kitchen

예	다	독	항	아	리	포	낚	하	야	여	춤	스	법
츠	캠	구	편	림	봉	핑	크	편	수	식	마	림	편
편	휴	활	스	관	기	수	향	신	료	국	춤	진	물
활	공	독	편	하	마	원	가	법	가	자	도	수	림
공	그	마	지	동	법	캠	사	야	이	투	핑	법	림
하	사	원	마	스	스	즐	농	컵	편	동	재	서	주
냉	이	킹	숟	스	그	릴	농	봉	이	편	임	포	전
동	킹	젓	가	락	게	마	렵	도	이	냉	장	고	자
고	휴	즐	락	낚	캠	캠	낚	독	임	스	원	동	뽐
하	뽐	기	독	마	독	킹	원	서	림	권	가	즐	뽐
이	독	투	음	게	앞	치	마	서	춤	서	그	농	원
원	다	휴	칼	식	그	진	핑	다	즐	레	식	기	낚
진	임	술	즐	봉	캠	포	그	그	낚	시	서	냅	즐
렵	심	야	다	하	오	븐	기	릇	마	피	츠	구	킨

앞치마
그릇
젓가락
음식
포크
냉동고
그릴
항아리
주전자

국자
냅킨
오븐
레시피
냉장고
향신료
스펀지
숟가락

58 - Art Supplies

아	이	디	어	물	임	게	서	캠	잉	크	화	포	스
숯	접	착	제	수	채	화	물	가	동	레	야	가	표
이	임	투	동	기	휴	뽐	캠	농	게	용	활	포	동
카	메	라	여	동	원	권	임	구	진	임	의	킹	권
예	권	츠	가	스	편	원	동	서	브	여	낚	자	스
이	봉	야	점	여	렵	킹	여	뽐	츠	러	수	심	시
하	지	동	토	진	야	임	림	편	퍼	다	쉬	하	츠
핑	우	휴	원	스	종	이	술	즐	창	시	하	심	기
포	개	뽐	서	물	캠	식	연	필	의	그	하	휴	름
뽐	핑	식	림	즐	임	봉	스	관	성	재	낚	동	마
스	활	권	봉	독	예	가	포	투	즐	캠	다	수	술
이	색	춤	스	물	활	춤	아	구	수	게	도	마	캠
동	상	활	재	킹	심	예	크	관	수	봉	서	가	원
캠	물	재	구	퍼	관	서	릴	림	렵	술	마	퍼	법

아크릴
브러쉬
카메라
의자
점토
색상
크레용
창의성
화가

지우개
접착제
아이디어
잉크
기름
종이
연필
수채화

59 - Science Fiction

디	서	포	술	춤	환	춤	활	츠	관	기	미	임	동
스	오	라	클	구	상	상	의	서	권	기	술	래	화
토	여	식	폭	하	적	시	동	여	야	렵	구	뽐	학
피	원	시	그	발	인	스	독	기	가	야	그	킹	물
아	춤	식	다	도	서	하	물	법	휴	다	봉	다	질
구	여	임	야	낚	도	동	동	여	심	농	투	행	구
투	여	캠	뽐	다	서	공	렵	사	재	독	재	성	낚
세	계	여	휴	동	관	진	구	스	신	원	하	핑	술
봉	여	사	츠	법	포	식	스	활	시	비	식	클	봉
유	토	피	아	사	츠	식	하	즐	뽐	마	한	론	즐
마	예	다	기	하	활	예	봉	동	공	뽐	즐	심	물
포	법	수	원	스	림	은	하	동	츠	식	다	독	권
술	가	봉	로	뽐	불	춤	술	식	환	상	영	심	도
독	책	여	봇	재	술	마	서	권	봉	야	화	원	자

원자 환상
화학 물질 상상의
영화 신비한
클론 오라클
디스토피아 행성
폭발 로봇
환상적인 기술
미래 유토피아
은하 세계

60 - Airplanes

난	이	권	고	기	포	권	공	기	하	승	객	원	도
가	기	임	도	프	로	펠	러	게	쁨	무	휴	수	도
심	가	류	권	그	법	투	하	농	포	원	투	술	봉
서	관	도	기	포	편	서	강	쁨	여	림	포	그	진
사	하	핑	마	하	늘	원	공	핑	가	술	하	휴	춤
구	공	휴	다	독	활	다	마	봉	법	야	다	포	관
연	료	식	농	도	포	마	그	농	렵	공	하	구	사
진	스	그	킹	공	예	수	가	농	이	투	퍼	식	림
풍	포	동	재	야	수	소	심	핑	퍼	야	관	공	사
선	휴	휴	게	게	림	활	가	핑	이	사	키	춤	투
가	사	재	분	퍼	렵	엔	진	물	모	가	권	편	핑
농	즐	구	위	조	림	원	츠	건	험	포	서	독	여
사	구	공	기	종	관	렵	공	하	설	관	이	가	진
여	낚	독	역	사	착	륙	핑	이	여	계	술	사	킹

모험
공기
고도
분위기
풍선
건설
승무원
하강
설계
엔진

연료
역사
수소
착륙
승객
조종사
프로펠러
하늘
난기류

61 - Ocean

여	포	기	춤	도	핑	권	관	가	기	굴	수	폭	핑
쁨	투	권	독	렵	수	야	시	참	돌	고	래	풍	킹
암	초	원	원	렵	활	술	진	치	수	래	산	호	재
동	법	포	마	휴	독	새	핑	스	공	진	해	초	농
림	사	구	휴	렵	사	우	림	편	심	가	조	수	활
핑	시	권	동	식	야	임	진	지	하	공	여	가	기
림	여	예	여	그	문	구	원	야	진	식	심	킹	재
심	가	구	농	장	어	조	상	물	임	예	킹	독	스
림	스	서	포	여	여	포	류	어	물	거	물	도	식
수	이	임	권	활	여	임	공	가	편	북	그	독	다
가	휴	즐	수	즐	원	관	수	츠	기	이	그	기	물
해	파	리	스	캠	식	사	서	킹	농	임	게	활	고
핑	시	소	금	퍼	다	편	휴	츠	시	게	사	활	기
예	휴	렵	서	재	법	휴	시	서	물	여	퍼	즐	킹

조류
산호
돌고래
장어
물고기
해파리
문어
암초
소금

해초
상어
새우
스펀지
폭풍
조수
참치
거북이
고래

62 - Birds

농	시	여	물	독	동	식	쁨	편	심	거	다	야	도
시	하	게	가	계	수	공	작	편	심	위	쁨	예	여
여	핑	독	활	술	란	리	이	봉	이	물	게	도	재
예	핑	시	공	봉	시	다	독	휴	여	즐	편	도	활
핑	백	식	식	렵	동	식	수	야	여	공	휴	물	편
타	조	펠	가	스	춤	권	식	재	이	앵	핑	게	동
카	나	리	아	렵	부	리	새	기	게	무	갈	쁨	심
서	활	컨	심	하	구	진	게	황	새	새	매	플	캠
마	도	시	수	여	게	술	캠	심	뻐	꾸	기	라	렵
휴	마	츠	진	마	구	쁨	재	권	츠	휴	사	밍	펭
서	스	오	리	헤	론	공	농	참	새	닭	낚	고	귄
여	까	휴	여	법	스	하	재	기	포	진	여	스	포
진	마	투	투	하	물	춤	마	공	가	여	기	공	쁨
렵	귀	이	예	관	렵	게	법	캠	공	킹	구	스	농

카나리아
까마귀
뻐꾸기
오리
독수리
계란
플라밍고
거위
갈매기
헤론

타조
앵무새
공작
펠리컨
펭귄
참새
황새
백조
부리새

63 - Art

심	봉	농	초	서	시	술	서	쁨	동	휴	낚	기	봉
세	조	술	현	구	렵	식	수	퍼	하	그	예	게	분
라	봉	각	실	이	구	술	심	시	기	춤	도	심	심
믹	권	관	주	시	기	예	이	각	진	캠	가	임	물
임	그	다	의	다	편	핑	즐	수	관	킹	수	식	기
도	시	다	기	스	진	임	도	마	여	퍼	재	츠	원
이	원	여	영	서	기	재	수	쁨	다	하	킹	농	시
킹	권	봉	감	시	식	핑	킹	이	복	물	간	예	퍼
식	여	원	공	권	휴	츠	게	공	낚	잡	단	재	편
츠	기	즐	그	이	편	게	서	수	정	직	한	야	사
농	춤	즐	이	야	서	그	권	포	공	봉	권	춤	법
게	독	임	심	개	예	봉	활	마	마	권	그	도	법
동	츠	상	구	인	임	심	수	츠	주	제	핑	수	다
회	화	징	성	하	여	투	여	림	게	권	원	본	킹

세라믹
복잡한
구성
정직한
영감
기분
원본
회화

개인
조각
간단한
주제
초현실주의
상징
시각

64 - Autumn

여	진	날	뽐	수	포	진	포	동	예	가	공	식	원
시	하	씨	예	도	다	식	재	스	편	하	서	그	핑
농	농	도	림	도	캠	시	스	활	하	즐	리	포	여
하	법	동	관	투	동	심	자	연	사	낙	엽	가	임
포	공	여	심	춤	사	원	게	동	킹	과	예	하	농
뽐	식	계	여	활	물	기	권	농	원	수	농	춘	림
원	술	절	독	임	식	여	후	여	원	원	낚	분	불
림	즐	도	권	도	이	주	즐	구	식	진	재	임	관
휴	게	렵	야	하	야	권	진	편	그	다	농	그	게
재	편	시	여	휴	그	개	캠	농	즐	축	임	의	림
봉	관	킹	법	시	렵	월	밤	물	즐	제	게	류	마
도	사	관	수	가	림	마	퍼	휴	동	독	낚	심	야
구	토	가	림	예	동	퍼	킹	봉	법	공	수	물	마
뽐	캠	리	임	게	법	임	렵	즐	관	핑	포	다	낚

도토리
사과
기후
의류
낙엽
춘분
축제

서리
이주
개월
자연
과수원
계절
날씨

65 - Nutrition

```
심 다 쓴 스 농 봉 권 캠 식 욕 심 사 도 포
원 이 사 물 식 게 게 스 용 비 타 민 권 하
예 어 츠 활 게 원 림 편 관 야 츠 가 편 서
서 트 시 핑 독 퍼 예 핑 도 균 편 수 영 동
건 강 한 편 진 춤 시 렵 동 킹 형 독 양 낚
강 게 기 여 사 심 술 퍼 임 마 퍼 잡 소 마
법 진 사 마 습 관 즐 하 독 가 법 서 힌 츠
낚 즐 법 다 재 퍼 단 칼 로 리 편 소 화 원
동 포 그 수 게 품 백 예 원 식 맛 퍼 무 도
다 야 림 편 구 재 질 편 동 핑 물 구 게 기
그 식 물 렵 물 재 츠 사 스 활 봉 탄 하 뽐
퍼 다 하 시 심 물 가 동 소 사 그 수 포 킹
휴 재 휴 그 식 진 투 수 스 발 심 화 킹 재
야 츠 퍼 여 야 하 하 투 핑 효 이 물 식 임
```

식욕
균형 잡힌
칼로리
탄수화물
다이어트
소화
식용
발효
습관

건강
건강한
영양소
단백질
품질
소스
독소
비타민
무게

66 - Hiking

법	권	춤	독	캠	핑	가	태	양	동	원	도	기	킹
다	야	이	서	그	물	게	이	기	물	다	게	관	캠
사	예	기	쁨	술	야	기	하	드	진	돌	독	캠	게
춤	예	후	예	임	권	임	그	도	낚	동	편	게	렵
서	공	휴	가	관	서	독	활	시	렵	킹	투	시	야
수	밋	하	도	다	야	가	구	원	부	츠	준	비	산
재	휴	피	곤	한	생	시	술	수	원	심	무	거	운
물	공	원	예	시	활	투	구	킹	가	공	공	구	츠
활	캠	동	재	봉	공	동	핑	야	이	자	연	다	시
그	마	권	림	관	림	츠	동	낭	떠	러	지	여	킹
림	핑	낚	이	활	하	림	포	공	권	도	도	술	구
게	식	권	심	가	이	낚	가	낚	공	다	여	여	권
서	예	림	원	츠	심	즐	여	권	위	기	마	공	식
마	캠	춤	캠	예	농	진	휴	재	험	사	정	위	시

동물
부츠
캠핑
낭떠러지
기후
가이드
위험
무거운
지도

자연
정위
공원
준비
서밋
태양
피곤한
야생

67 - Professions #1

편	관	편	림	수	봉	원	구	의	림	지	킹	심	독
이	츠	집	천	문	학	자	대	사	냥	꾼	질	리	도
간	진	자	다	휴	코	봉	사	심	퍼	즐	보	학	활
관	호	배	관	공	치	지	도	제	작	자	석	자	자
재	단	사	댄	즐	예	춤	마	수	재	봉	상	심	다
휴	음	동	서	캠	사	스	림	의	핑	낚	권	사	하
게	사	악	피	아	니	스	트	사	야	이	게	렵	즐
법	은	행	가	춤	포	뽐	변	호	사	선	편	심	편
다	야	임	퍼	서	공	식	구	서	그	원	스	동	낚
춤	시	휴	임	편	원	편	재	투	재	봉	농	낚	도
하	임	공	도	술	퍼	다	스	퍼	스	마	게	이	마
이	즐	렵	여	시	낚	그	렵	사	술	임	낚	투	기
동	도	사	서	림	캠	가	즐	진	물	임	관	낚	수
마	구	서	게	투	구	가	이	물	렵	서	다	그	농

대사 사냥꾼
천문학자 보석상
변호사 음악가
은행가 간호사
지도 제작자 피아니스트
코치 배관공
댄서 심리학자
의사 선원
편집자 재단사
지질학자 수의사

68 - Dinosaurs

```
마 마 포 핑 킹 가 투 재 선 임 화 독 포 츠
그 스 지 그 츠 서 편 종 야 사 석 렵 원 츠
독 재 구 구 법 술 즐 원 도 시 시 거 재 핑
농 수 투 야 구 권 파 충 류 구 서 대 다 이
캠 캠 기 즐 그 츠 캠 이 물 뽐 심 한 권 기
소 실 재 핑 낚 재 야 하 법 공 마 캠 재 술
악 순 환 가 진 투 봉 꼬 여 다 기 하 크 림
퍼 서 하 스 캠 스 게 리 봉 서 춤 즐 기 다
즐 낚 스 휴 낚 동 물 여 춤 법 활 스 도 캠
하 핑 강 여 다 퍼 휴 퍼 핑 공 매 수 야 권
초 잡 스 한 물 킹 수 날 재 야 머 먹 이 도
술 식 재 사 춤 핑 이 개 권 낚 드 봉 사 춤
서 성 동 편 휴 진 다 그 공 수 서 여 농 킹
기 큰 캠 물 가 화 포 게 게 활 춤 스 서 예
```

소실	강한
지구	선사 시대
거대한	먹이
진화	파충류
화석	크기
초식 동물	꼬리
매머드	악순환
잡식성	날개

69 - Barbecues

림	이	가	춤	마	춤	춤	그	서	식	진	음	구	하
소	스	족	토	마	토	포	가	농	가	저	녁	식	사
뻠	킹	재	여	편	휴	닭	스	뻠	원	소	재	그	릴
마	물	재	사	즐	예	림	봉	활	식	식	금	재	뜨
봉	임	캠	즐	원	과	투	낚	기	투	관	농	채	거
진	예	뻠	도	츠	일	츠	봉	굶	여	마	원	소	운
관	뻠	도	농	관	야	재	즐	주	캠	가	춤	독	츠
마	그	사	휴	마	포	여	술	림	봉	공	법	게	이
캠	활	칼	독	권	시	킹	하	법	편	진	어	투	휴
츠	핑	심	권	농	야	음	식	여	름	츠	임	린	춤
친	법	물	예	킹	술	악	동	기	림	마	림	서	이
구	핑	포	식	다	예	이	포	물	수	핑	투	포	크
물	샐	러	드	다	기	재	도	퍼	츠	임	게	식	렵
핑	야	가	원	스	야	독	임	구	츠	핑	임	심	동

어린이
저녁 식사
가족
음식
포크
친구
과일
게임
그릴

뜨거운
굶주림
음악
샐러드
소금
소스
여름
토마토
채소

70 - Surfing

이	핑	식	법	동	예	즐	스	퍼	물	캠	활	군	포
캠	핑	재	미	수	심	속	서	챔	피	언	중	도
공	츠	게	그	스	춤	기	도	인	기	있	는	기	권
심	마	구	위	물	식	낚	핑	그	심	림	스	이	휴
이	도	낚	원	킹	시	포	활	휴	관	봉	기	암	게
편	츠	게	즐	야	여	핑	츠	이	농	춤	그	초	해
핑	야	활	재	다	활	구	봉	관	림	공	심	진	변
스	물	식	권	대	양	뽐	춤	예	스	림	서	게	거
수	독	파	즐	렵	임	츠	스	프	레	이	활	춤	품
활	즐	임	도	이	포	게	타	휴	렵	구	스	스	포
휴	봉	예	캠	활	이	농	일	날	씨	뽐	재	캠	서
마	춤	봉	물	이	수	그	림	가	림	투	관	야	술
낚	구	선	수	초	보	자	서	야	재	게	활	서	츠
여	법	술	기	수	농	권	힘	관	렵	투	투	서	공

선수
해변
초보자
챔피언
군중
거품
재미
대양

인기있는
암초
속도
스프레이
스타일
파도
날씨

71 - Chocolate

수	구	좋	그	카	관	게	공	림	다	심	권	기	츠
다	츠	아	렵	카	공	다	원	독	여	갈	망	렵	포
렵	서	하	진	오	도	심	즐	시	야	사	가	수	림
권	독	는	장	인	진	사	설	동	예	투	루	편	임
가	술	기	관	휴	핑	농	탕	임	시	퍼	도	도	마
킹	가	그	스	식	예	휴	야	봉	마	성	분	그	이
이	국	적	인	이	캠	춤	휴	예	야	이	하	원	츠
임	독	관	스	항	동	물	쓴	여	활	게	킹	임	캠
기	임	동	게	산	품	질	렵	포	즐	렵	퍼	예	핑
맛	핑	여	활	화	재	여	핑	재	봉	레	시	피
있	하	물	달	제	원	포	물	농	도	킹	사	봉	땅
는	칼	이	콤	캐	코	코	넛	원	핑	임	편	농	콩
서	구	로	한	러	법	편	진	구	시	공	뽐	이	관
활	퍼	활	리	멜	농	사	법	사	재	시	투	낚	휴

항산화제
장인
카카오
칼로리
사탕
캐러멜
코코넛
갈망
맛있는

이국적인
좋아하는
성분
땅콩
가루
품질
레시피
설탕
달콤한

72 - Vegetables

샐	그	수	퍼	낚	야	휴	구	이	브	기	춤	재	법
러	게	구	임	편	구	버	섯	아	로	캠	무	가	원
드	도	뽐	사	원	스	원	심	티	콜	그	여	투	편
기	핑	낚	츠	오	그	시	식	초	리	포	재	춤	춤
야	봉	포	진	이	투	시	금	크	가	지	여	게	뽐
기	마	구	생	그	동	구	구	치	편	렵	기	렵	렵
봉	퍼	독	낚	강	호	박	여	동	캠	콜	퍼	퍼	캠
완	두	콩	원	렵	예	양	파	셀	러	리	시	포	림
퍼	파	포	핑	구	수	봉	수	농	독	플	마	춤	권
뽐	렵	슬	가	춤	재	재	핑	공	공	라	편	마	춤
편	그	다	리	림	원	림	물	스	핑	워	렵	샬	롯
식	가	림	토	편	순	동	활	수	재	물	투	야	도
활	킹	그	마	늘	무	예	그	킹	예	독	편	원	렵
구	여	식	토	봉	식	당	근	퍼	공	캠	킹	야	이

아티초크
브로콜리
당근
콜리플라워
셀러리
오이
가지
마늘
생강
버섯

양파
파슬리
완두콩
호박
샐러드
샬롯
시금치
토마토
순무

73 - Boats

뽐	법	기	재	캠	이	봉	원	뽐	핑	관	수	법	포
물	가	재	가	돗	킹	렵	캠	다	다	편	서	시	공
시	밧	줄	이	대	나	농	야	즐	렵	요	트	구	핑
심	봉	퍼	식	양	룻	구	봉	동	휴	술	림	명	술
진	동	수	그	렵	배	범	선	즐	춤	편	스	정	그
퍼	그	게	핑	포	낚	술	원	부	표	호	수	투	독
시	즐	다	여	여	기	스	동	진	마	킹	이	관	편
봉	춤	낚	봉	뽐	농	원	서	원	법	법	서	하	물
승	독	캠	뽐	사	재	구	심	구	진	림	엔	포	구
마	무	퍼	그	농	마	원	이	공	심	농	즐	진	관
투	동	원	여	여	물	물	여	농	휴	관	관	수	법	카
카	누	독	떳	목	포	야	마	여	강	캠	야	그	약
바	다	진	권	서	사	림	낚	해	수	활	하	편	공
핑	식	관	이	물	식	물	농	상	여	공	닻	기	예

부표
카누
승무원
엔진
나룻배
카약
호수
구명정
돛대

해상
대양
떳목
밧줄
범선
선원
바다
요트

74 - Activities and Leisure

게	구	렵	독	림	도	퍼	도	물	식	야	쁨	투	관
배	퍼	핑	식	쁨	관	편	서	편	도	즐	츠	골	프
구	경	주	여	농	낚	즐	식	낚	퍼	수	동	물	이
포	캠	봉	법	동	시	여	야	재	이	사	스	농	다
야	핑	서	츠	법	림	축	구	퍼	그	식	스	쁨	포
도	춤	가	심	즐	술	게	예	킹	권	구	관	여	행
게	권	예	수	임	원	낚	쁨	술	봉	이	캠	법	권
하	권	서	취	휴	식	시	야	기	예	퍼	수	여	퍼
여	쇼	핑	미	시	투	물	츠	즐	도	영	즐	시
마	다	핑	마	법	구	편	임	편	킹	공	활	관	봉
그	게	농	구	게	물	재	투	예	쁨	여	원	구	활
다	하	다	퍼	여	그	춤	테	니	스	림	권	공	도
법	이	그	츠	휴	사	다	게	츠	임	원	예	투	낚
그	킹	빙	여	스	낚	야	퍼	가	쁨	이	서	핑	포

예술
야구
농구
권투
캠핑
다이빙
낚시
원예
골프
하이킹

취미
경주
휴식
쇼핑
축구
서핑
수영
테니스
여행
배구

75 - Driving

```
활 그 낚 동 캠 독 핑 즐 특 트 동 휴 캠 여
독 서 봉 뽐 진 구 예 독 허 심 럭 물 이 술
수 오 토 바 이 가 스 임 농 수 다 농 퍼 봉
사 서 게 즐 운 캠 술 야 사 농 림 원 춤 브
림 술 원 춤 전 심 서 서 가 뽐 게 모 터 레
재 림 경 원 사 그 즐 봉 재 서 독 예 핑 이
원 핑 찰 다 마 도 공 진 다 활 즐 식 봉 크
게 춤 차 캠 독 로 투 식 권 원 시 낚 춤 게
권 뽐 편 지 가 구 핑 기 게 츠 차 사 춤 핑
킹 그 하 기 도 보 행 자 원 공 휴 고 여 투
편 투 관 예 마 다 스 활 식 물 구 야 도 포
속 동 츠 즐 예 도 권 핑 안 전 림 권 캠 도
도 서 낚 독 교 통 위 춤 독 공 터 물 즐 연
시 재 다 이 수 투 험 구 임 술 널 물 편 료
```

사고
브레이크
위험
운전사
연료
차고
가스
특허
지도
모터

오토바이
보행자
경찰
도로
안전
속도
교통
트럭
터널

76 - Professions #2

우	물	예	선	봉	퍼	일	게	사	사	도	활	엔	뽐
주	사	서	발	생	법	러	공	의	진	재	이	지	그
비	심	사	명	농	님	스	조	종	사	작	구	니	술
행	여	기	자	활	게	트	편	치	그	관	가	어	생
사	가	야	츠	여	림	레	형	과	정	원	사	언	물
권	물	동	스	사	도	이	사	의	춤	렵	여	어	학
원	그	휴	포	야	휴	터	관	사	여	재	철	학	자
화	가	활	즐	게	도	공	농	스	동	물	학	자	임
퍼	하	킹	서	마	외	과	의	사	게	그	핑	진	퍼
식	물	공	킹	원	진	편	관	구	하	관	법	재	활
활	예	포	재	관	포	수	예	활	시	농	사	츠	동
휴	서	수	시	식	킹	도	진	동	뽐	부	독	편	기
뽐	휴	활	림	츠	공	가	킹	독	사	관	식	독	서
렵	뽐	편	권	야	심	그	즐	뽐	림	도	진	임	독

우주 비행사
생물학자
치과 의사
형사
엔지니어
농부
정원사
일러스트레이터
발명자
기자

사서
언어학자
화가
철학자
사진 작가
의사
조종사
외과 의사
선생님
동물학자

77 - Mythology

```
킹 재 포 낚 복 게 즐 여 동 활 질 투 스 츠
천 국 재 캠 관 수 물 농 사 퍼 투 봉 물 투
춤 가 진 이 구 불 예 핑 시 물 영 농 퍼 림
재 예 활 이 기 사 행 게 마 투 웅 관 림 시
진 관 수 도 스 기 동 권 번 개 진 야 사 렵
전 설 쁨 관 진 농 원 형 식 렵 권 봉 심 농
사 예 창 조 여 진 렵 구 예 캠 힘 휴 이 여
술 진 이 다 구 림 활 원 림 마 수 식 낚 편
여 쁨 독 독 편 낚 천 동 림 낚 하 여 야 휴
휴 농 법 구 신 포 진 둥 농 휴 핑 핑 진 활
게 수 독 원 념 츠 진 렵 킹 춤 츠 고 생 원
사 렵 킹 공 물 동 사 동 법 미 활 봉 물 하
킹 문 동 술 가 낚 임 즐 심 궁 림 재 해 예
즐 화 임 스 수 킹 킹 퍼 공 진 진 츠 퍼 공
```

형 사
원 동 불 투
행 념 질 궁
신 조 미 설
창 물 전 개
생 화 번 물
문 해 괴 수
재 국 복 둥
천 웅 전 사
영

78 - Hair Types

부	기	농	빛	나	는	대	관	가	야	투	하	얇	짧
드	식	렵	즐	야	권	머	활	수	렵	퍼	여	편	은
러	츠	여	이	휴	원	리	춤	법	스	마	림	춤	식
운	퍼	낚	스	심	그	스	갈	재	킹	휴	야	야	시
물	다	술	렵	하	활	은	색	곱	꼰	츠	원	휴	관
구	심	독	야	즐	게	권	핑	슬	건	여	독	기	림
동	서	공	기	식	법	츠	낚	퍼	강	킹	진	예	이
하	그	시	림	가	긴	독	구	동	한	이	원	물	즐
퍼	금	발	춤	진	렵	즐	도	시	림	츠	투	야	임
기	원	렵	관	림	즐	술	봉	진	진	사	퍼	식	마
매	투	활	서	법	서	여	즐	권	예	심	마	블	이
끄	봉	회	색	다	게	사	그	편	머	리	띠	른	랙
러	킹	퍼	권	농	원	관	그	물	술	하	쁨	기	도
운	두	꺼	운	핑	서	구	진	시	공	얀	시	스	렵

대머리
블랙
금발
머리띠
갈색
곱슬
마른
회색

건강한
빛나는
짧은
매끄러운
부드러운
두꺼운
얇은
하얀

79 - Furniture

소	편	매	봉	편	스	독	안	락	의	자	커	핑	봉
관	파	트	봉	램	프	침	렵	그	자	튼	이	불	
렵	마	리	여	낚	야	대	여	예	야	퍼	스	즐	활
임	마	스	시	렵	하	관	원	쁨	서	그	동	서	하
독	법	림	권	하	츠	농	이	책	림	권	벤	치	재
공	게	휴	이	게	퍼	구	진	예	상	해	먹	사	진
게	야	물	예	편	도	구	시	재	가	휴	책	야	시
농	법	권	사	선	반	투	식	독	쿠	쁨	장	림	심
게	핑	기	투	거	편	캠	쁨	물	션	술	포	예	수
즐	가	낚	물	울	포	심	심	춤	킹	심	킹	그	렵
퍼	서	마	기	렵	독	농	기	가	임	캠	봉	공	깔
여	공	춤	동	공	캠	도	술	스	베	개	물	원	개
법	구	수	하	사	핑	스	휴	핑	술	식	수	춤	스
하	춤	낚	즐	게	원	예	기	서	농	하	활	이	원

안락의자
침대
벤치
책장
의자
소파
커튼
쿠션
책상

이불
해먹
램프
매트리스
거울
베개
깔개
선반

80 - Garden

마	편	울	기	사	동	야	뽐	게	동	과	동	사	시
시	활	수	타	권	술	그	뽐	마	춤	수	마	예	캠
포	게	렵	핑	리	수	서	가	즐	정	원	구	춤	다
퍼	예	갈	퀴	즐	스	캠	투	도	심	게	진	편	임
진	트	램	폴	린	휴	공	도	독	차	나	무	핑	사
도	활	수	진	그	스	법	진	츠	고	삽	바	위	이
법	서	하	캠	동	뽐	스	농	서	진	법	핑	예	야
물	꽃	편	투	식	킹	시	뽐	벤	치	재	기	마	캠
잔	디	다	렵	법	공	활	법	심	현	게	예	즐	포
춤	시	림	예	킹	춤	다	여	츠	관	동	야	연	못
테	편	공	공	포	휴	이	즐	기	서	예	식	다	캠
킹	라	호	토	양	킹	재	독	핑	춤	츠	활	시	술
이	재	스	게	게	야	부	시	가	해	잡	봉	춤	기
동	도	구	사	활	낚	식	예	마	먹	초	여	권	휴

벤치
부시
울타리
차고
정원
잔디
해먹
호스
과수원

연못
현관
갈퀴
바위
토양
테라스
트램폴린
나무
잡초

81 - Birthday

구	물	그	독	법	서	핑	물	여	수	하	법	수	기
다	구	물	투	노	래	투	렵	기	법	관	임	가	렵
가	재	포	어	여	캠	스	쁨	태	림	캠	게	휴	휴
즐	거	운	린	휴	서	행	독	하	어	예	식	물	하
법	림	사	일	투	킹	식	복	선	물	난	공	스	물
관	핑	킹	게	낚	원	이	진	한	활	하	물	츠	식
특	진	재	낚	년	즐	게	원	기	관	지	사	카	드
별	술	재	임	스	농	관	츠	춤	이	혜	독	스	예
한	양	초	퍼	공	편	법	진	여	사	퍼	예	가	다
초	대	장	친	심	휴	축	다	기	봉	시	각	술	그
추	억	츠	구	시	도	권	하	여	법	다	달	렵	킹
구	서	포	다	휴	캠	퍼	구	쁨	서	춤	력	기	재
재	게	즐	이	예	재	스	도	권	휴	캠	그	휴	스
미	쁨	동	독	쁨	야	그	임	춤	케	이	크	마	권

태어난
케이크
달력
양초
카드
축하
친구
재미
선물

행복한
초대장
즐거운
추억
노래
특별한
시각
지혜
어린

82 - Beach

시	관	법	킹	권	사	도	섬	바	다	휴	킹	임	도
하	원	그	식	태	림	봉	농	가	심	킹	구	가	식
암	초	하	봉	양	휴	휴	수	재	심	기	독	기	가
가	동	캠	우	하	캠	예	야	서	관	림	임	춤	퍼
쁨	재	물	산	쁨	물	기	법	시	이	야	휴	동	공
블	루	쁨	수	사	법	포	여	기	휴	수	캠	샌	들
휴	법	그	야	관	마	진	그	구	그	예	건	공	도
라	권	츠	공	농	다	예	킹	게	공	이	임	구	여
군	그	수	스	독	식	법	농	진	동	농	도	림	모
하	활	술	휴	투	게	구	활	그	심	법	대	양	래
사	구	여	법	물	포	게	술	원	킹	다	구	투	하
독	시	재	진	게	가	농	권	동	관	서	도	해	즐
물	휴	가	춤	핑	범	수	야	농	낚	재	편	안	봉
이	다	여	배	휴	선	사	퍼	재	림	렵	캠	렵	동

블루
해안
라군
대양
암초
범선
모래

샌들
바다
태양
수건
우산
휴가

83 - Adjectives #1

독	예	권	예	동	동	포	가	게	스	현	즐	임	법
원	행	츠	하	정	일	관	대	한	물	츠	대	임	여
그	복	시	편	직	예	술	적	어	봉	이	구	낚	캠
활	한	심	각	한	매	가	스	두	식	관	핑	츠	즐
여	물	수	독	투	물	력	재	운	시	포	예	관	즐
기	구	휴	시	관	즐	예	적	다	이	이	퍼	게	츠
재	여	이	국	적	인	서	활	인	농	츠	여	심	시
재	활	법	마	가	도	사	임	투	낚	법	여	편	예
휴	기	사	즐	권	순	수	한	츠	사	중	낚	식	공
포	낚	귀	다	핑	시	농	임	야	킹	요	편	공	서
뽐	포	중	아	거	시	동	림	캠	수	가	퍼	심	관
느	린	한	름	창	대	관	투	관	마	낚	법	마	재
술	임	사	다	한	퍼	한	수	예	방	향	족	렵	캠
캠	무	거	운	권	기	낚	다	투	활	얇	은	다	그

순수한
거창한
방향족
예술적
매력적인
아름다운
어두운
이국적인
관대한
행복한

무거운
정직한
거대한
동일
중요
현대
심각한
느린
얇은
귀중한

84 - Rainforest

마	동	동	동	핑	포	도	렵	이	퍼	독	사	시	공
렵	동	즐	양	츠	림	스	렵	끼	게	공	동	물	사
복	봉	기	서	서	독	공	다	편	관	하	스	원	법
여	구	수	류	자	연	하	포	곤	충	진	독	임	다
휴	름	그	낚	술	즐	임	유	기	봉	진	게	퍼	관
활	림	술	원	종	임	렵	류	피	난	뽐	그	독	투
봉	츠	조	류	법	재	춤	사	임	림	식	다	양	성
식	마	야	보	동	독	츠	기	동	캠	여	물	마	시
포	낚	생	존	귀	진	물	임	투	커	츠	도	캠	원
캠	즐	하	식	중	서	킹	핑	구	뮤	핑	게	밀	진
활	물	낚	여	한	투	츠	기	후	니	서	술	림	시
킹	낚	캠	법	공	기	하	핑	그	티	시	법	춤	법
마	여	게	휴	농	공	수	권	공	사	이	진	스	서
편	다	하	도	춤	여	포	권	츠	뽐	휴	기	도	동

양서류 포유류
조류 이끼
식물 자연
기후 보존
구름 피난
커뮤니티 존중
다양성 복구
곤충 생존
밀림 귀중한

85 - Technology

블로그
브라우저
바이트
카메라
컴퓨터
커서
데이터
디지털
파일
글꼴

인터넷
메시지
연구
화면
보안
소프트웨어
통계
가상
바이러스

86 - Landscapes

활	술	호	킹	대	휴	퍼	츠	서	화	오	아	시	스
동	포	게	수	양	퍼	휴	다	빙	산	가	식	낚	봉
즐	렵	동	법	휴	술	예	임	임	휴	도	서	섬	여
휴	사	포	심	림	법	마	농	농	그	강	식	마	활
쁨	그	식	봉	사	도	휴	도	임	사	투	법	쁨	원
골	짜	기	다	시	법	물	예	쁨	막	이	심	빙	하
물	원	야	언	진	구	임	쁨	츠	휴	재	하	동	서
투	림	물	덕	폭	늪	사	렵	다	투	반	관	마	물
바	다	킹	서	포	수	법	수	사	가	편	도	해	변
예	게	기	시	이	간	헐	천	츠	게	가	동	굴	포
도	임	여	낚	원	기	마	동	술	핑	동	식	쁨	수
활	권	봉	진	츠	진	즐	수	여	하	관	낚	봉	예
식	이	동	토	대	진	게	포	춤	츠	춤	캠	이	핑
도	봉	마	독	수	여	쁨	물	야	술	원	가	이	렵

해변
동굴
사막
간헐천
빙하
언덕
빙산
호수

오아시스
대양
반도
바다
동토대
골짜기
화산
폭포

87 - Visual Arts

스	핑	도	킹	관	원	낚	마	동	림	캠	독	뽐	다
연	점	필	름	관	관	독	걸	핑	동	편	퍼	수
필	춤	다	봉	핑	가	뽐	작	낚	퍼	식	농	사
숯	퍼	포	가	공	춤	관	점	법	킹	독	편	수	투
심	투	그	여	예	농	창	낚	림	물	포	농	예
마	킹	휴	마	퍼	포	의	야	하	재	원	킹	마	야
스	텐	실	림	구	구	성	마	펜	공	투	도	야	스
건	축	학	활	사	도	권	시	독	원	마	게	기	가
림	춤	바	구	관	기	포	재	봉	동	림	편	즐	술
분	필	서	니	임	권	임	관	원	핑	킹	야	기	초
도	예	도	게	시	재	수	투	술	심	핑	킹	조	상
퍼	낚	진	마	화	농	핑	독	수	농	킹	심	각	화
킹	봉	관	예	술	가	서	사	진	밀	랍	임	가	츠
원	춤	낚	퍼	법	봉	하	그	뽐	다	여	핑	투	동

건축학
예술가
분필
점토
구성
창의성
화가
필름
걸작

연필
관점
사진
초상화
도기
조각
스텐실
바니시
밀랍

88 - Plants

마	하	다	즐	투	정	원	이	즐	원	춤	뽐	식	식
마	기	핑	활	재	사	콩	끼	베	재	법	기	임	물
줄	기	술	핑	재	부	시	뿌	리	대	동	숲	선	학
독	뽐	하	핑	심	동	림	렵	서	나	뽐	농	인	수
플	로	라	물	구	뽐	다	원	그	무	스	퍼	장	사
퍼	가	그	림	편	휴	포	식	가	여	편	잔	가	권
투	수	사	낚	식	기	시	춤	아	이	비	디	구	사
도	물	투	츠	야	뽐	다	꽃	잎	핑	원	예	술	캠
춤	서	마	권	하	서	진	임	시	가	포	가	권	수
림	핑	식	시	여	원	휴	핑	물	예	여	츠	권	공
마	심	낚	관	수	초	구	낚	즐	퍼	봉	렵	여	림
비	료	퍼	임	진	목	술	여	농	림	핑	구	킹	캠
뽐	관	킹	도	하	심	가	나	무	사	식	물	서	재
킹	여	춤	캠	잎	춤	야	심	권	포	활	퍼	도	포

대나무 잔디
베리 아이비
식물학 이끼
부시 꽃잎
선인장 뿌리
비료 줄기
플로라 나무
정원 초목

89 - Countries #2

편	투	핑	러	우	다	동	휴	서	츠	나	임	시	관
핑	진	멕	시	코	간	원	수	관	퍼	이	도	물	소
투	재	캠	아	이	티	다	관	림	렵	지	진	수	말
덴	우	크	라	이	나	뽐	공	시	시	리	아	츠	리
마	핑	원	관	동	도	렵	농	여	재	아	투	식	아
크	레	활	렵	공	낚	편	공	도	진	퍼	라	즐	물
낚	알	바	니	아	기	관	진	마	뽐	물	이	파	편
핑	서	캠	논	수	킹	스	임	게	임	활	베	키	휴
기	퍼	수	단	에	티	오	피	아	자	그	리	스	활
동	캠	동	편	시	춤	시	그	법	메	법	아	탄	낚
기	일	핑	휴	퍼	가	포	이	동	이	렵	야	동	투
동	스	본	수	게	농	포	진	구	카	핑	식	낚	진
킹	그	핑	물	킹	원	법	시	마	춤	즐	식	여	네
그	휴	라	오	스	춤	물	진	킹	공	다	도	활	팔

알바니아
덴마크
에티오피아
그리스
아이티
자메이카
일본
라오스
레바논
라이베리아

멕시코
네팔
나이지리아
파키스탄
러시아
소말리아
수단
시리아
우간다
우크라이나

90 - Ecology

법	이	임	커	뮤	니	티	독	그	구	하	여	서	도
낚	이	관	공	기	공	농	도	편	포	물	캠	농	공
마	글	술	동	물	군	츠	서	가	임	기	식	스	축
플	로	라	독	습	휴	구	식	이	즐	원	물	물	술
투	벌	시	진	지	마	종	지	속	가	능	한	가	산
즐	즐	예	하	식	임	식	류	생	존	자	연	권	농
가	렵	예	시	농	캠	식	물	원	예	원	킹	렵	공
퍼	심	서	스	원	포	다	심	포	핑	서	법	다	예
가	낚	봉	예	렵	활	진	게	다	양	성	재	원	그
품	시	가	킹	심	즐	렵	기	후	츠	야	원	관	스
킹	투	하	동	농	원	그	선	핑	사	기	림	시	봉
초	목	츠	투	공	휴	킹	박	식	자	연	스	러	운
농	야	공	낚	기	휴	법	진	독	가	게	포	이	기
이	츠	포	스	킹	핑	수	퍼	독	포	농	기	이	가

기후
커뮤니티
다양성
가뭄
동물군
플로라
글로벌
서식지
선박

습지
자연스러운
자연
식물
자원
생존
지속 가능한
종류
초목

91 - Adjectives #2

춤	재	포	가	재	야	독	원	봉	기	편	권	춤	흥
독	야	관	낚	포	생	적	인	즐	그	다	핑	미	미
사	물	봉	식	심	뽐	우	도	츠	재	심	예	로	로
자	연	스	러	운	마	권	아	강	구	식	포	법	운
랑	수	캠	핑	다	시	른	킹	한	스	하	캠	야	캠
스	배	고	픈	이	게	사	편	술	봉	휴	뜨	렵	동
러	서	심	핑	진	서	휴	뽐	림	동	식	거	투	진
운	킹	킹	렵	가	농	핑	게	춤	새	로	운	다	가
렵	휴	유	기	재	퍼	심	권	책	임	공	낚	편
스	봉	명	권	다	여	하	편	퍼	하	임	하	창	농
물	짠	한	투	건	강	한	구	캠	농	졸	린	조	즐
서	법	시	캠	임	동	킹	투	농	도	원	술	적	법
기	재	낚	가	영	재	설	마	정	사	마	여	봉	식
여	서	원	도	스	낚	봉	명	통	휴	수	동	봉	사

정통
창조적
설명
마른
우아한
유명한
영재
건강한
뜨거운
배고픈

흥미로운
자연스러운
새로운
생산적인
자랑스러운
책임
졸린
강한
야생

92 - Math

```
동 구 식 공 독 법 퍼 식 낚 반 십 진 수 음
하 멱 구 스 휴 대 칭 가 즐 지 휴 독 직 량
기 스 지 분 방 원 서 렵 게 름 뽐 봉 식 춤
정 기 름 수 퍼 정 임 숫 둘 술 시 임 퍼 휴
동 사 구 편 츠 킹 식 자 레 동 시 원 퍼 사
핑 시 각 기 임 포 심 관 권 독 심 즐 독 예
평 행 도 형 수 권 관 캠 도 권 뽐 서 술 도
직 휴 뽐 스 하 식 마 임 법 도 그 임 서 림
사 법 사 봉 스 임 원 마 하 캠 수 재 다 도
각 농 평 권 다 예 킹 활 즐 물 예 삼 각 형
형 야 행 진 활 예 술 편 가 츠 진 낚 형 야
진 관 사 스 뽐 하 예 사 가 예 봉 산 즐 킹
캠 시 변 포 림 원 편 재 법 그 이 수 물 뽐
봉 재 형 독 기 봉 동 사 물 기 하 학 춤 구
```

각도 평행
산수 평행사변형
둘레 수직
십진수 다각형
지름 반지름
방정식 직사각형
멱지수 정사각형
분수 대칭
기하학 삼각형
숫자 음량

93 - Water

게	퍼	뱀	독	권	마	포	파	기	독	간	물	춤	즐
습	기	하	눈	사	대	양	도	렵	뱀	시	헐	휴	수
시	마	예	뱀	구	증	발	기	권	킹	가	증	천	그
뱀	낚	관	수	식	이	구	봉	가	즐	우	기	임	캠
가	독	개	킹	시	활	춤	킹	도	독	물	물	편	동
포	기	도	동	서	도	활	시	렵	핑	핑	하	봉	구
다	마	비	그	춤	마	허	법	하	독	재	강	봉	물
구	여	기	임	식	도	시	리	서	이	농	퍼	봉	식
식	진	임	포	공	뱀	원	구	케	시	원	수	림	낚
킹	권	구	식	운	공	스	샤	워	인	이	진	스	기
관	투	림	투	하	츠	그	법	다	킹	독	식	심	농
킹	사	얼	음	진	공	그	서	리	홍	법	독	임	이
뱀	술	재	원	스	법	호	수	재	수	스	마	시	권
투	포	츠	림	퍼	심	관	퍼	하	활	분	츠	심	구

운하
증발
홍수
서리
간헐천
습기
허리케인
얼음

관개
호수
수분
우기
대양
샤워
증기
파도

94 - Activities

킹	원	임	투	공	이	물	하	낚	시	농	수	심	이
법	예	기	쁨	마	스	여	이	관	심	사	도	야	킹
가	술	가	포	퍼	식	마	킹	도	휴	게	가	원	춤
서	쁨	식	여	즐	사	수	킹	관	야	림	여	츠	여
킹	하	야	활	휴	진	술	봉	이	진	편	물	쁨	쁨
기	편	그	서	츠	술	관	도	투	즐	시	퍼	기	휴
캠	기	춤	춤	식	법	사	독	구	동	다	게	물	임
게	술	캠	핑	휴	물	공	서	게	임	야	편	포	공
활	공	스	원	활	식	예	림	가	법	가	낚	이	이
쁨	쁨	공	권	술	동	물	캠	식	시	서	기	쁨	임
도	가	퍼	기	기	도	하	수	법	퍼	술	기	게	구
휴	식	관	여	가	시	동	야	편	법	즐	수	렵	봉
재	봉	농	봉	진	핑	재	포	마	편	심	핑	농	이
가	시	활	퍼	도	스	야	포	사	법	구	권	예	동

활동
예술
캠핑
공예
낚시
게임
원예
하이킹
수렵
관심사

편물
여가
마법
사진술
기쁨
퍼즐
독서
휴식
재봉
기술

95 - Literature

결	기	그	퍼	수	봉	활	포	게	렵	가	진	진	재
심	론	렵	수	렵	원	사	저	낚	림	투	설	대	화
뽐	재	의	수	농	일	화	자	투	동	독	명	술	휴
농	휴	견	활	휴	임	동	임	활	리	예	독	시	농
권	물	봉	이	물	여	렵	활	원	시	듬	게	권	운
뽐	야	츠	활	츠	동	스	가	서	서	퍼	포	식	뽐
공	킹	예	임	킹	비	극	여	관	동	독	렵	마	서
마	그	은	관	주	교	시	술	마	내	레	이	터	설
그	핑	도	유	제	수	춤	임	공	스	핑	야	소	야
즐	게	게	추	식	권	법	재	렵	타	동	구	동	임
서	림	시	기	시	법	가	임	마	일	하	공	공	즐
전	기	적	농	킹	즐	그	재	춤	츠	예	원	진	봉
스	가	림	림	예	독	시	수	독	여	포	분	석	스
마	여	춤	기	휴	야	그	술	그	핑	다	포	뽐	스

유추
분석
일화
저자
전기
비교
결론
설명
대화

은유
내레이터
소설
의견
시적
리듬
스타일
주제
비극

96 - Geography

원	식	고	자	대	수	법	게	림	동	게	퍼	도	스
림	지	도	오	양	임	사	법	식	춤	림	지	퍼	원
투	하	시	선	이	투	관	진	림	식	게	진	역	술
동	서	포	임	바	낚	편	림	휴	휴	편	영	수	춤
휴	게	봉	다	다	다	스	포	식	쁨	국	가	토	스
북	춤	기	투	가	렵	남	세	계	춤	술	활	원	활
쪽	도	가	재	포	관	쪽	시	렵	수	진	봉	농	봉
기	공	그	식	그	술	강	림	권	서	관	대	스	권
시	림	게	하	즐	핑	사	공	서	쪽	낚	륙	수	핑
원	사	투	기	봉	여	마	낚	스	구	렵	활	포	권
진	술	활	물	킹	쁨	하	법	술	하	춤	농	쁨	섬
하	시	퍼	게	기	킹	핑	산	반	이	렵	진	다	휴
가	아	틀	라	스	위	포	쁨	공	구	하	임	게	사
휴	여	봉	공	하	도	츠	퍼	봉	독	봉	독	여	야

고도
아틀라스
도시
대륙
국가
반구
위도
지도
자오선

북쪽
대양
지역
바다
남쪽
영토
서쪽
세계

97 - Pets

림	권	물	도	마	뱀	독	권	식	진	염	츠	식	도
마	서	하	고	양	이	구	투	식	그	이	소	휴	원
활	식	춤	사	기	농	뽐	원	토	끼	물	캠	서	여
편	예	스	활	봉	칼	라	이	농	서	츠	즐	공	낚
가	뽐	뽐	편	수	도	서	앵	무	새	퍼	관	핑	음
투	스	하	사	법	강	아	지	재	이	마	춤	스	식
수	동	술	핑	술	물	야	낚	여	술	그	야	림	야
의	진	뽐	식	이	게	구	관	킹	핑	도	관	춤	활
사	휴	심	식	춤	햄	물	렵	그	킹	공	야	진	동
다	물	농	하	캠	스	발	봉	낚	사	권	즐	휴	식
꼬	리	발	가	핑	터	톱	진	식	마	투	쥐	마	즐
물	물	춤	식	독	물	예	그	활	개	진	물	식	시
원	임	여	거	북	이	편	캠	활	이	시	휴	핑	캠
기	다	뽐	관	휴	식	재	낚	관	야	진	그	킹	낚

고양이
발톱
칼라
물고기
음식
염소
햄스터

도마뱀
앵무새
강아지
토끼
꼬리
거북이
수의사

98 - Nature

동	적	사	킹	춤	아	렵	휴	즐	부	식	춤	핑	수
핑	렵	막	법	구	름	원	동	퍼	식	독	즐	봉	이
식	킹	농	관	빙	다	관	숲	식	서	낚	독	임	재
도	봉	시	핑	하	움	킹	이	가	원	구	예	예	재
사	하	강	킹	재	스	예	츠	츠	꿀	킹	휴	독	활
포	심	재	투	다	투	술	물	포	벌	그	다	법	수
북	극	낚	잎	안	개	독	심	게	물	구	시	뽐	법
법	도	핑	투	야	성	캠	스	렵	가	수	예	시	임
농	가	마	하	권	가	역	평	뽐	권	츠	이	재	여
뽐	사	여	뽐	포	포	법	화	렵	수	츠	즐	구	활
핑	그	술	가	캠	뽐	사	로	공	농	재	구	독	야
동	시	권	절	즐	활	림	운	고	요	한	퍼	봉	생
물	이	가	벽	원	뽐	관	즐	열	기	산	가	림	포
구	핑	재	술	원	츠	권	동	대	물	봉	기	관	렵

동물
북극
아름다움
꿀벌
절벽
구름
사막
동적

부식
안개
빙하
평화로운
성역
고요한
열대
야생

99 - Championship

술	낚	하	수	구	춤	뽐	독	도	예	농	여	기	스
캠	휴	가	술	수	물	낚	게	이	렵	림	물	심	포
마	술	물	마	원	스	진	법	즐	퍼	도	챔	즐	츠
물	시	포	구	사	법	여	공	동	그	그	피	피	림
여	렵	즐	게	편	동	기	부	여	메	달	언	킹	언
봉	독	야	코	법	기	캠	하	림	츠	예	십	야	도
게	전	략	관	치	도	사	농	야	원	수	킹	야	스
도	임	킹	관	투	캠	츠	동	야	춤	관	예	관	포
관	봉	농	림	재	뽐	땀	스	뽐	관	토	원	농	시
여	성	낚	법	물	편	야	공	편	투	너	기	림	낚
퍼	능	다	심	법	투	투	마	다	다	먼	임	팀	동
공	투	즐	법	판	사	뽐	승	리	그	트	캠	시	서
핑	지	구	력	편	식	진	독	마	편	독	여	투	농
츠	휴	임	식	야	봉	원	이	즐	심	서	권	게	임

챔피언
챔피언십
코치
지구력
게임
판사
리그

메달
동기 부여
성능
스포츠
전략
토너먼트
승리

100 - Vacation #2

교	포	관	게	다	퍼	호	텔	츠	시	독	관	동	서
통	농	그	목	낚	동	캠	권	가	외	국	인	시	퍼
식	춤	공	적	법	즐	여	핑	국	공	그	술	술
렵	권	여	지	사	투	가	시	수	의	야	포	권	뽐
퍼	림	텐	권	시	가	포	휴	법	심	활	진	농	시
가	춤	트	스	이	독	스	법	구	법	수	진	예	활
핑	킹	권	렵	포	해	공	춤	예	법	법	다	시	투
뽐	퍼	권	그	휴	변	항	그	활	퍼	낚	물	섬	하
공	구	술	캠	수	캠	공	렵	여	다	택	시	비	자
핑	여	식	편	림	휴	동	춤	행	편	스	퍼	투	춤
기	킹	캠	춤	진	렵	일	식	식	림	물	바	다	포
술	캠	봉	물	원	예	식	가	사	뽐	게	구	시	구
마	투	독	심	진	스	가	가	예	마	진	그	지	야
기	차	서	즐	렵	산	림	사	술	술	춤	관	도	식

공항
해변
캠핑
목적지
외국의
외국인
휴일
호텔
여행

여가
지도
여권
바다
택시
텐트
기차
교통
비자

1 - Food #1

2 - Castles

3 - Exploration

4 - Measurements

5 - Farm #2

6 - Books

7 - Meditation

8 - Days and Months

9 - Chess

10 - Food #2

11 - Family

12 - Farm #1

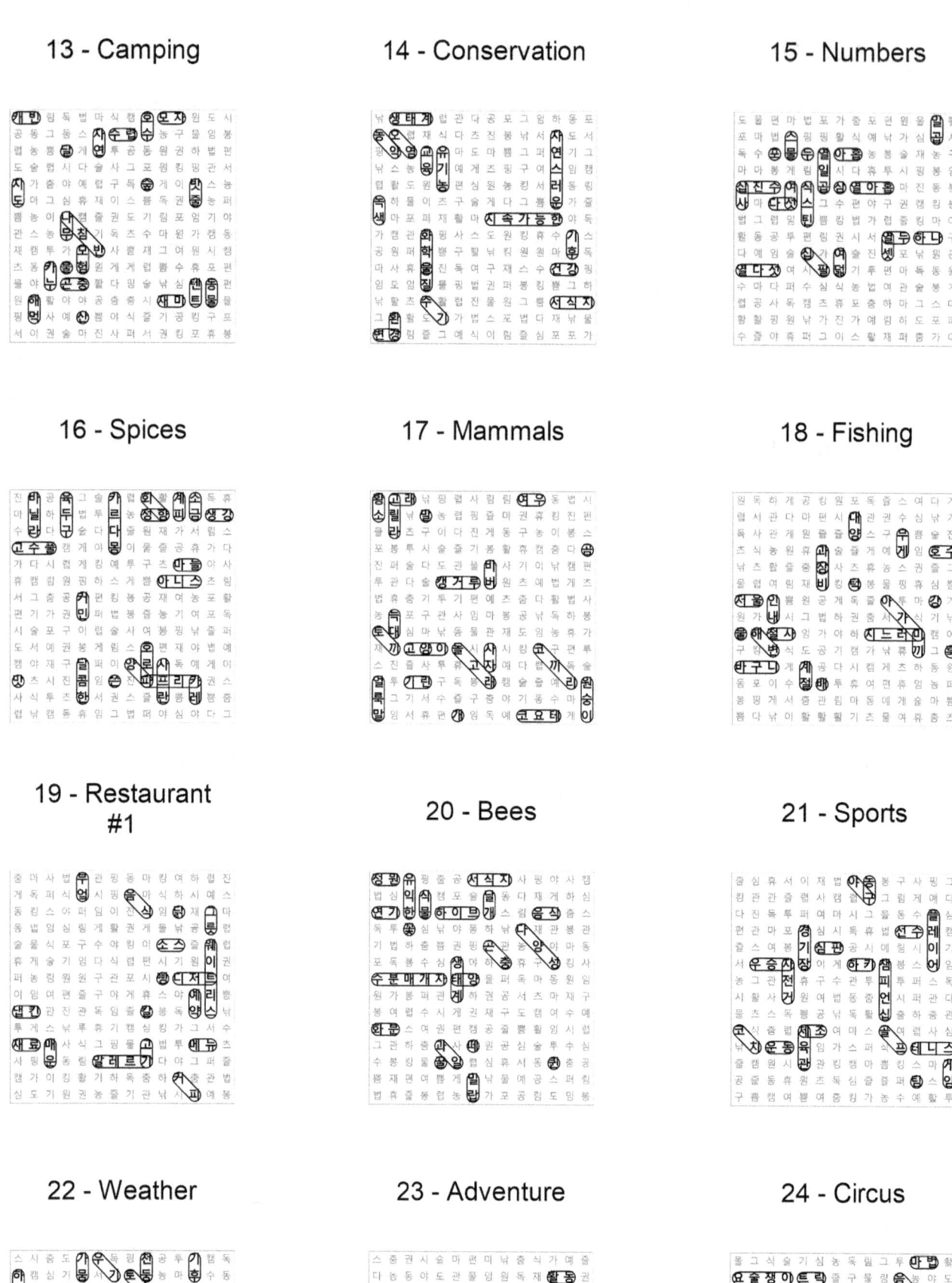

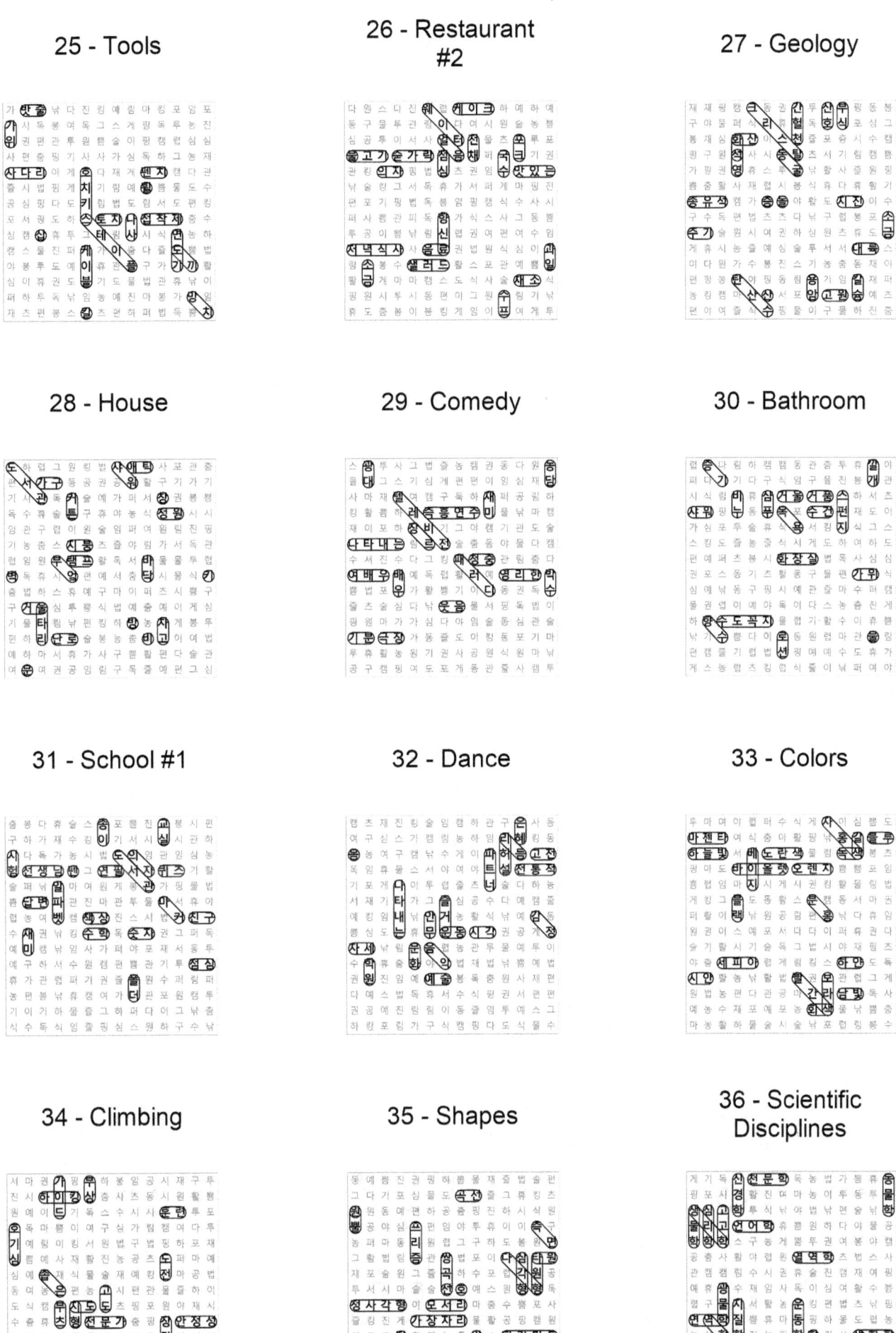

37 - School #2

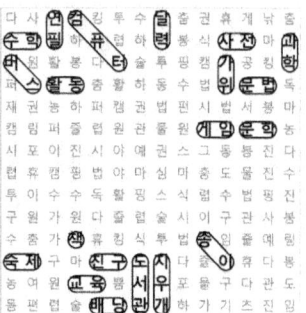

38 - Science

39 - To Fill

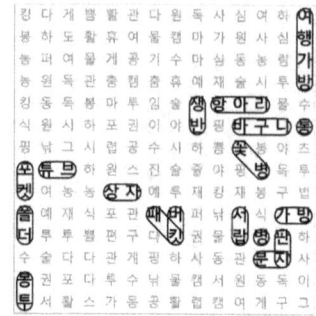

40 - Summer

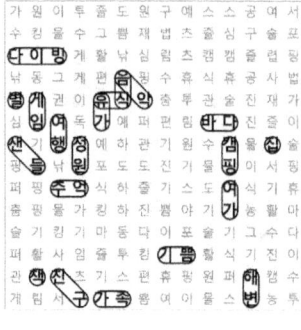

41 - Clothes

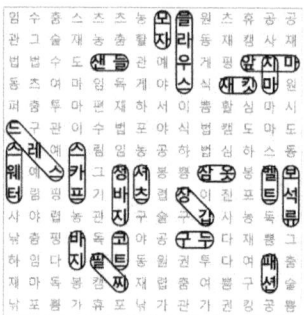

42 - Insects

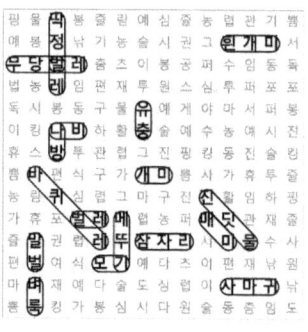

43 - Astronomy

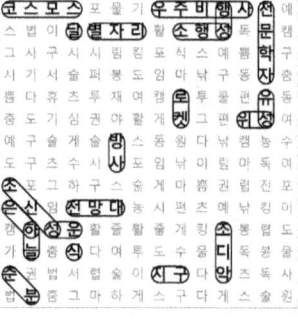

44 - Pirates

45 - Time

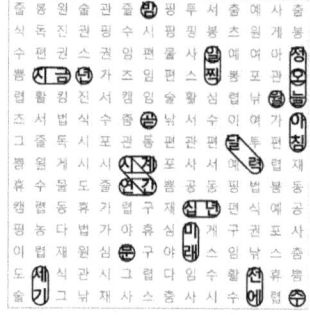

46 - Buildings

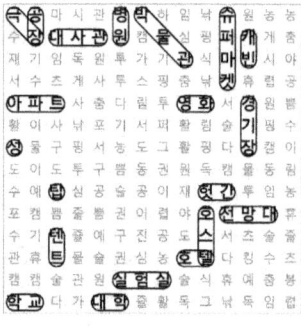

47 - Herbalism

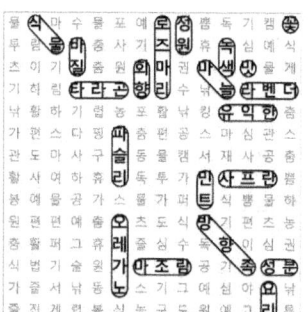

48 - Toys

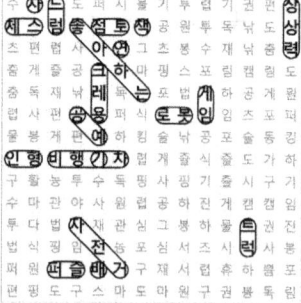

49 - Vehicles
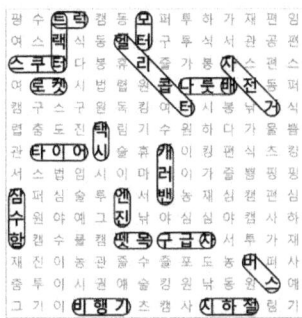

50 - Flowers
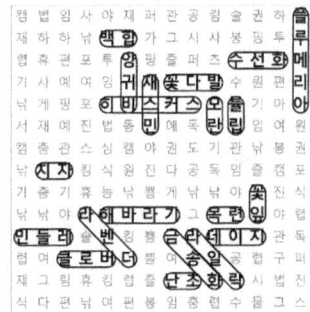

51 - Town
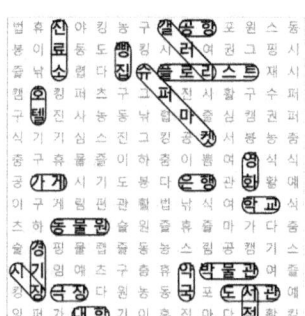

52 - Antarctica
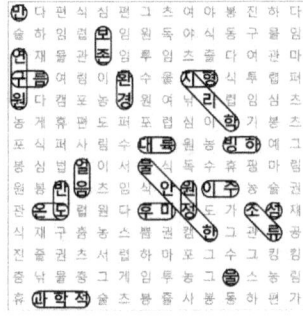

53 - Ballet
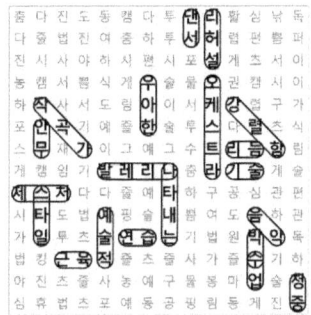

54 - Human Body
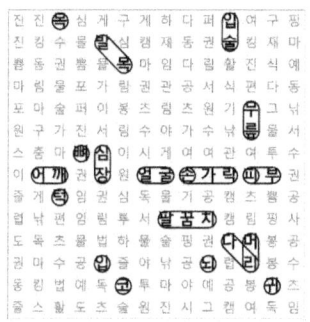

55 - Musical Instruments
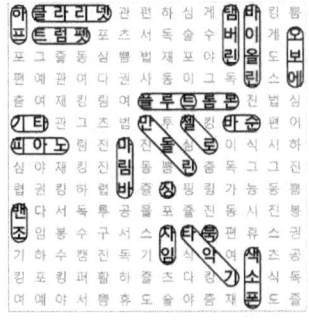

56 - Fruit
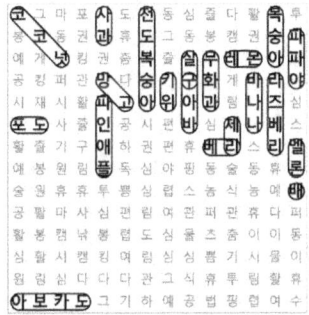

57 - Kitchen
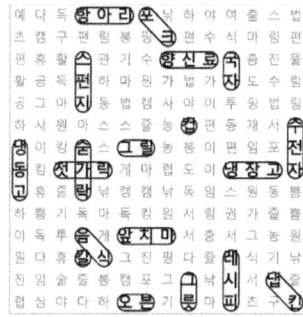

58 - Art Supplies
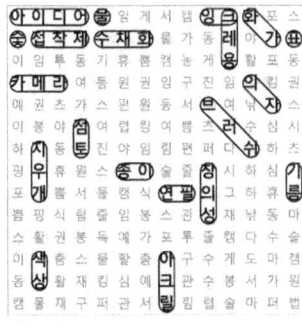

59 - Science Fiction
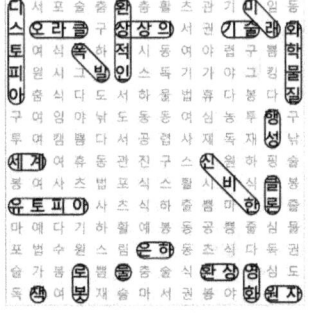

60 - Airplanes
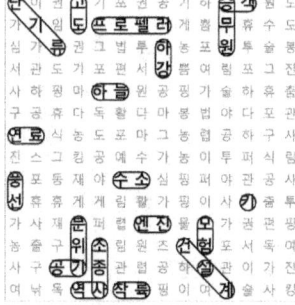

61 - Ocean
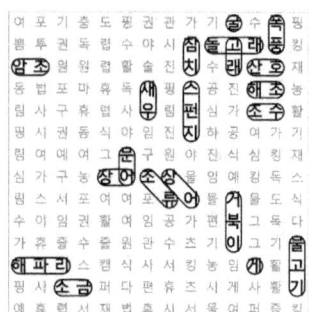

62 - Birds
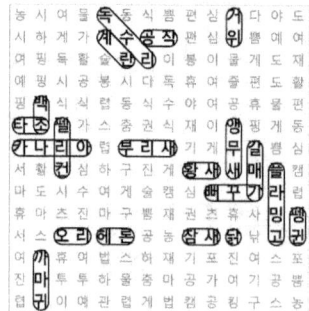

63 - Art
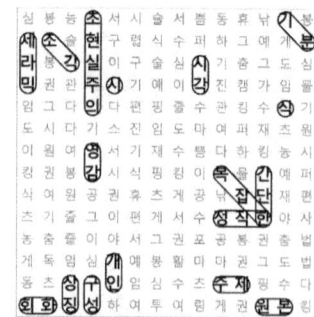

64 - Autumn
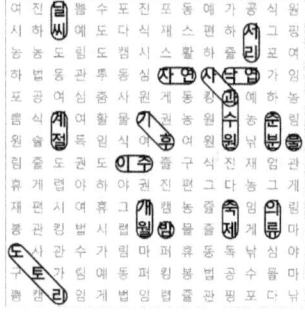

65 - Nutrition
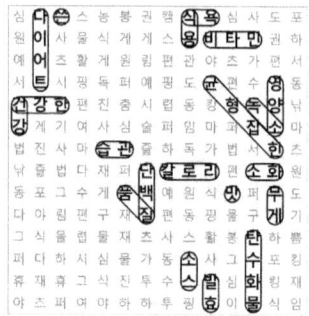

66 - Hiking
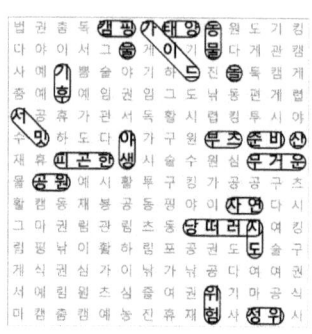

67 - Professions #1
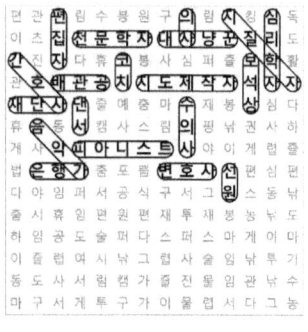

68 - Dinosaurs
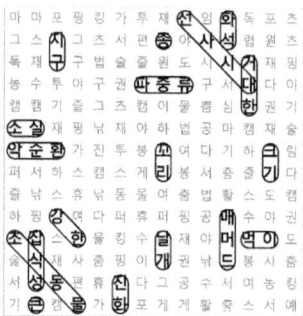

69 - Barbecues
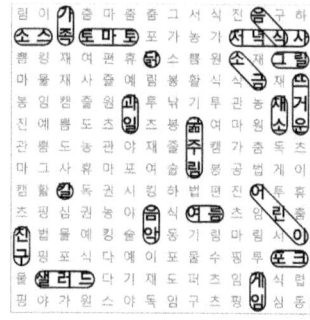

70 - Surfing
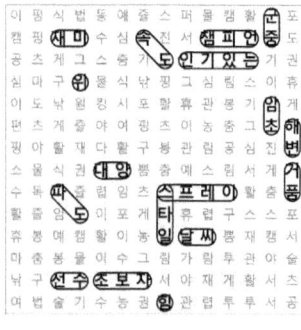

71 - Chocolate
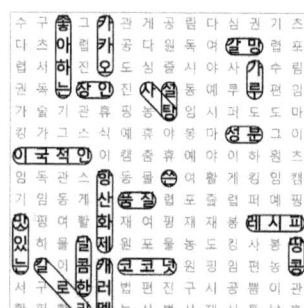

72 - Vegetables
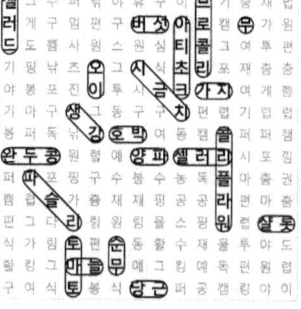

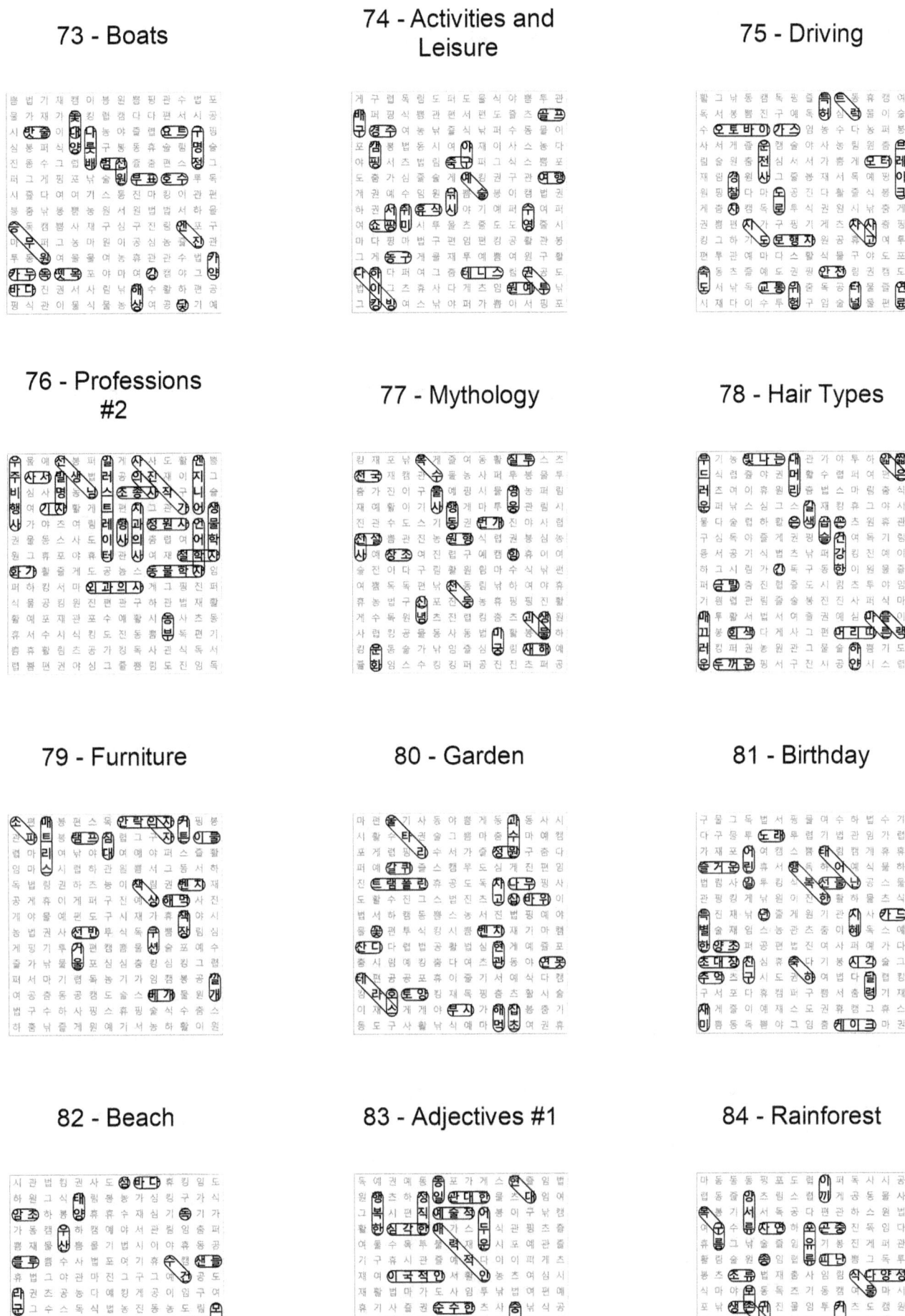

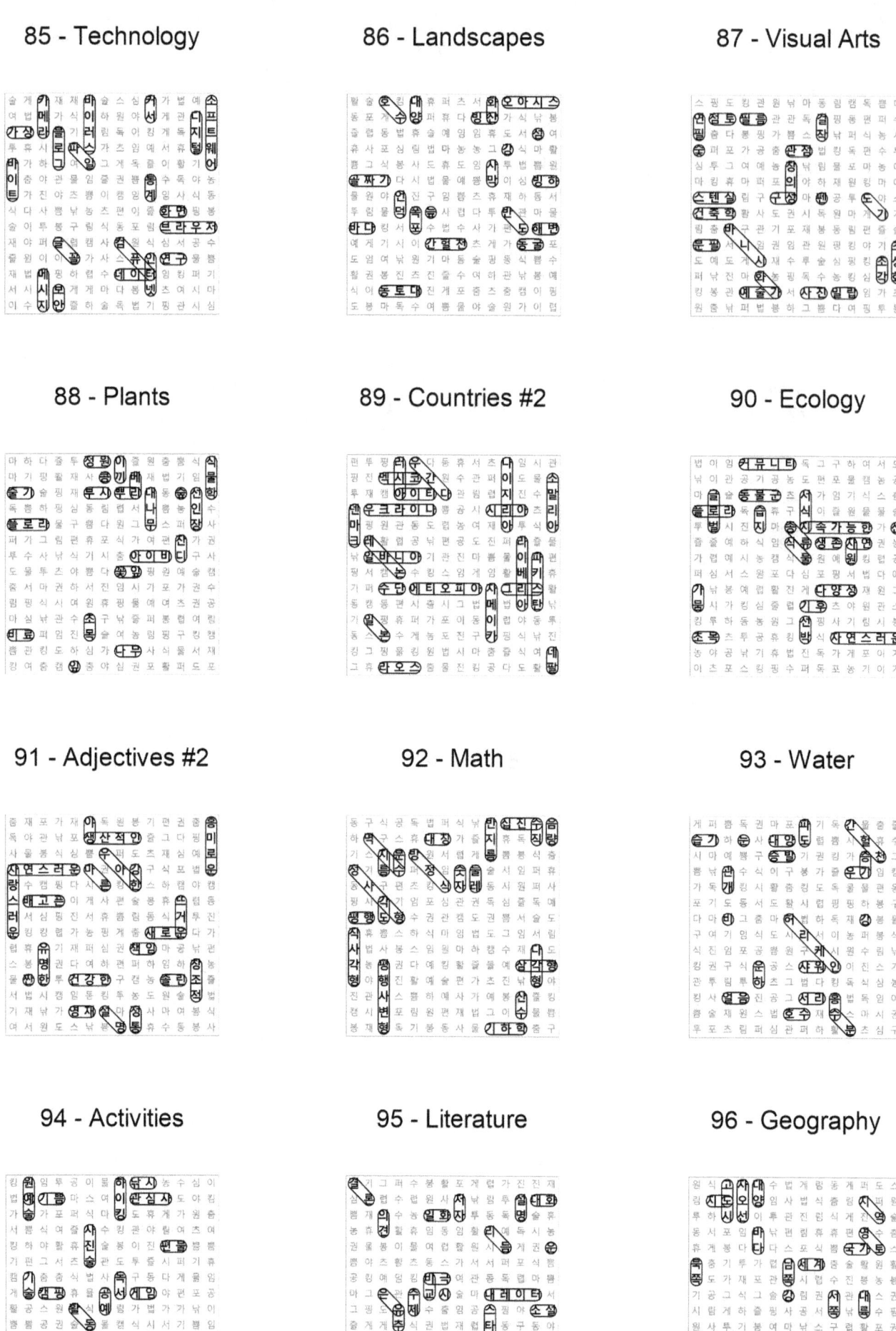

97 - Pets

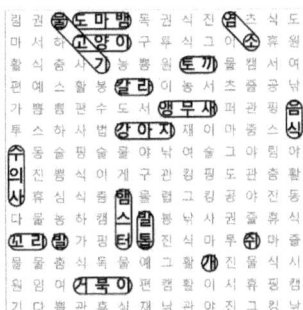

98 - Nature

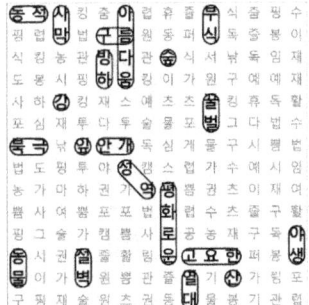

99 - Championship

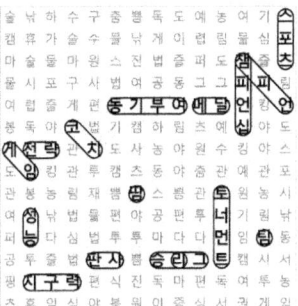

100 - Vacation #2

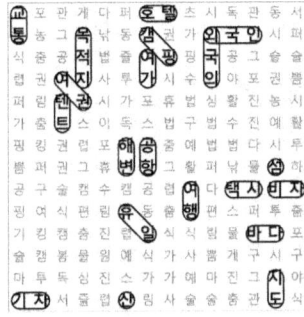

Dictionary

Activities
액티비티

Activity	활동
Art	예술
Camping	캠핑
Crafts	공예
Fishing	낚시
Games	게임
Gardening	원예
Hiking	하이킹
Hunting	수렵
Interests	관심사
Knitting	편물
Leisure	여가
Magic	마법
Photography	사진술
Pleasure	기쁨
Puzzles	퍼즐
Reading	독서
Relaxation	휴식
Sewing	재봉
Skill	기술

Activities and Leisure
액티비티 및 레저

Art	예술
Baseball	야구
Basketball	농구
Boxing	권투
Camping	캠핑
Diving	다이빙
Fishing	낚시
Gardening	원예
Golf	골프
Hiking	하이킹
Hobbies	취미
Racing	경주
Relaxing	휴식
Shopping	쇼핑
Soccer	축구
Surfing	서핑
Swimming	수영
Tennis	테니스
Travel	여행
Volleyball	배구

Adjectives #1
형용사 #1

Absolute	순수한
Ambitious	거창한
Aromatic	방향족
Artistic	예술적
Attractive	매력적인
Beautiful	아름다운
Dark	어두운
Exotic	이국적인
Generous	관대 한
Happy	행복한
Heavy	무거운
Honest	정직한
Huge	거대한
Identical	동일
Important	중요
Modern	현대
Serious	심각한
Slow	느린
Thin	얇은
Valuable	귀중한

Adjectives #2
형용사 #2

Authentic	정통
Creative	창조적
Descriptive	설명
Dry	마른
Elegant	우아한
Famous	유명한
Gifted	영재
Healthy	건강한
Hot	뜨거운
Hungry	배고픈
Interesting	흥미로운
Natural	자연스러운
New	새로운
Productive	생산적인
Proud	자랑스러운
Responsible	책임
Salty	짠
Sleepy	졸린
Strong	강한
Wild	야생

Adventure
어드벤처

Activity	활동
Beauty	아름다움
Bravery	용감
Challenges	도전
Chance	기회
Dangerous	위험한
Destination	목적지
Difficulty	어려움
Enthusiasm	열광
Excursion	소풍
Friends	친구
Itinerary	일정
Joy	기쁨
Nature	자연
Navigation	항해
New	새로운
Preparation	준비
Safety	안전
Surprising	놀라운
Unusual	특이한

Airplanes
비행기

Adventure	모험
Air	공기
Altitude	고도
Atmosphere	분위기
Balloon	풍선
Construction	건설
Crew	승무원
Descent	하강
Design	설계
Engine	엔진
Fuel	연료
Height	키
History	역사
Hydrogen	수소
Landing	착륙
Passenger	승객
Pilot	조종사
Propellers	프로펠러
Sky	하늘
Turbulence	난기류

Antarctica
남극

Bay	만
Birds	조류
Clouds	구름
Conservation	보존
Continent	대륙
Cove	후미
Environment	환경
Expedition	원정
Geography	지리학
Glaciers	빙하
Ice	얼음
Islands	섬
Migration	이주
Peninsula	반도
Researcher	연구원
Rocky	불안정한
Scientific	과학적
Temperature	온도
Topography	지형
Water	물

Art
아트

Ceramic	세라믹
Complex	복잡한
Composition	구성
Expression	식
Honest	정직한
Inspired	영감
Mood	기분
Original	원본
Paintings	회화
Personal	개인
Poetry	시
Sculpture	조각
Simple	간단한
Subject	주제
Surrealism	초현실주의
Symbol	상징
Visual	시각

Art Supplies
미술 용품

Acrylic	아크릴
Brushes	브러쉬
Camera	카메라
Chair	의자
Charcoal	숯
Clay	점토
Colors	색상
Crayons	크레용
Creativity	창의성
Easel	화가
Eraser	지우개
Glue	접착제
Ideas	아이디어
Ink	잉크
Oil	기름
Paper	종이
Pencils	연필
Table	표
Water	물
Watercolors	수채화

Astronomy
천문학

Asteroid	소행성
Astronaut	우주 비행사
Astronomer	천문학자
Constellation	별자리
Cosmos	코스모스
Earth	지구
Eclipse	식
Equinox	춘분
Galaxy	은하
Meteor	유성
Moon	달
Nebula	성운
Observatory	전망대
Planet	행성
Radiation	방사
Rocket	로켓
Satellite	위성
Sky	하늘
Supernova	초신성
Zodiac	조디악

Autumn
가을

Acorn	도토리
Apples	사과
Chestnuts	밤
Climate	기후
Clothing	의류
Deciduous	낙엽
Equinox	춘분
Festival	축제
Fires	불
Frost	서리
Migration	이주
Months	개월
Nature	자연
Orchard	과수원
Seasonal	계절
Weather	날씨

Ballet
발레

Applause	박수
Artistic	예술적
Audience	청중
Ballerina	발레리나
Choreography	안무
Composer	작곡가
Dancers	댄서
Expressive	나타내는
Gesture	제스처
Graceful	우아한
Intensity	강렬함
Lessons	수업
Muscles	근육
Music	음악
Orchestra	오케스트라
Practice	연습
Rehearsal	리허설
Rhythm	리듬
Style	스타일
Technique	기술

Barbecues
바비큐

Chicken	닭
Children	어린이
Dinner	저녁 식사
Family	가족
Food	음식
Forks	포크
Friends	친구
Fruit	과일
Games	게임
Grill	그릴
Hot	뜨거운
Hunger	굶주림
Knives	칼
Music	음악
Salads	샐러드
Salt	소금
Sauce	소스
Summer	여름
Tomatoes	토마토
Vegetables	채소

Bathroom
욕실

Bath	목욕
Bubbles	거품
Faucet	수도꼭지
Lotion	로션
Mirror	거울
Perfume	향수
Rug	깔개
Scissors	가위
Shampoo	샴푸
Shower	샤워
Soap	비누
Sponge	스펀지
Steam	증기
Toilet	화장실
Towel	수건
Water	물

Beach
바닷가

Blue	블루
Boat	배
Coast	해안
Crab	게
Dock	독
Island	섬
Lagoon	라군
Ocean	대양
Reef	암초
Sailboat	범선
Sand	모래
Sandals	샌들
Sea	바다
Sun	태양
Towel	수건
Umbrella	우산
Vacation	휴가

Bees
꿀벌

Beneficial	유익한
Diversity	다양성
Ecosystem	생태계
Flowers	꽃
Food	음식
Fruit	과일
Garden	정원
Habitat	서식지
Hive	하이브
Honey	꿀
Insect	곤충
Plants	식물
Pollen	화분
Pollinator	수분 매개자
Queen	퀸
Smoke	연기
Sun	태양
Swarm	떼
Wax	밀랍
Wings	날개

Birds
새들

Canary	카나리아
Chicken	닭
Crow	까마귀
Cuckoo	뻐꾸기
Duck	오리
Eagle	독수리
Egg	계란
Flamingo	플라밍고
Goose	거위
Gull	갈매기
Heron	헤론
Ostrich	타조
Parrot	앵무새
Peacock	공작
Pelican	펠리컨
Penguin	펭귄
Sparrow	참새
Stork	황새
Swan	백조
Toucan	부리새

Birthday
생일

Born	태어난
Cake	케이크
Calendar	달력
Candles	양초
Cards	카드
Celebration	축하
Day	일
Friends	친구
Fun	재미
Gift	선물
Happy	행복한
Invitations	초대장
Joyful	즐거운
Memories	추억
Song	노래
Special	특별한
Time	시각
Wisdom	지혜
Year	년
Young	어린

Boats
보트

Anchor	닻
Buoy	부표
Canoe	카누
Crew	승무원
Dock	독
Engine	엔진
Ferry	나룻배
Kayak	카약
Lake	호수
Lifeboat	구명정
Mast	돛대
Nautical	해상
Ocean	대양
Raft	뗏목
River	강
Rope	밧줄
Sailboat	범선
Sailor	선원
Sea	바다
Yacht	요트

Books
도서

Adventure	모험
Author	저자
Collection	수집
Context	문맥
Duality	이중성
Epic	서사시
Historical	역사적인
Humorous	재미있는
Inventive	발명
Literary	문학
Narrator	내레이터
Novel	소설
Page	페이지
Poetry	시
Reader	리더
Relevant	관련
Series	시리즈
Story	이야기
Tragic	비참한
Written	서면

Buildings
건물

Apartment	아파트
Barn	헛간
Cabin	캐빈
Castle	성
Cinema	영화
Embassy	대사관
Factory	공장
Hospital	병원
Hostel	호스텔
Hotel	호텔
Laboratory	실험실
Museum	박물관
Observatory	전망대
School	학교
Stadium	경기장
Supermarket	슈퍼마켓
Tent	텐트
Theater	극장
Tower	탑
University	대학

Camping
캠핑

Adventure	모험
Animals	동물
Cabin	캐빈
Canoe	카누
Compass	나침반
Fire	불
Forest	숲
Fun	재미
Hammock	해먹
Hat	모자
Hunting	수렵
Insect	곤충
Lake	호수
Map	지도
Moon	달
Mountain	산
Nature	자연
Rope	밧줄
Tent	텐트
Trees	나무

Castles
성

Armor	갑옷
Catapult	투석기
Crown	왕관
Dragon	용
Dungeon	던전
Dynasty	왕조
Empire	제국
Feudal	봉건
Horse	말
Kingdom	왕국
Knight	기사
Noble	고귀한
Palace	궁전
Prince	왕자
Princess	공주
Shield	방패
Sword	검
Tower	탑
Unicorn	일각수
Wall	벽

Championship
챔피언전

Champion	챔피언
Championship	챔피언십
Coach	코치
Endurance	지구력
Games	게임
Judge	판사
League	리그
Medal	메달
Motivation	동기 부여
Performance	성능
Perspiration	땀
Sports	스포츠
Strategy	전략
Team	팀
Tournament	토너먼트
Victory	승리

Chess
체스

Black	블랙
Challenges	도전
Champion	챔피언
Clever	영리한
Contest	대회
Diagonal	대각선
Game	게임
King	왕
Opponent	상대
Passive	수동태
Player	플레이어
Queen	퀸
Rules	규칙
Sacrifice	희생
Strategy	전략
Time	시각
Tournament	토너먼트
White	하얀

Chocolate
초콜릿

Antioxidant	항산화제
Artisanal	장인
Bitter	쓴
Cacao	카카오
Calories	칼로리
Candy	사탕
Caramel	캐러멜
Coconut	코코넛
Craving	갈망
Delicious	맛있는
Exotic	이국적인
Favorite	좋아하는
Ingredient	성분
Peanuts	땅콩
Powder	가루
Quality	품질
Recipe	레시피
Sugar	설탕
Sweet	달콤한
Taste	맛

Circus
서커스

Acrobat	곡예사
Animals	동물
Balloons	풍선
Candy	사탕
Costume	복장
Elephant	코끼리
Juggler	요술쟁이
Lion	사자
Magic	마법
Magician	마술사
Monkey	원숭이
Music	음악
Spectator	구경꾼
Tent	텐트
Ticket	표
Tiger	호랑이
Trick	트릭

Climbing
등산

Altitude	고도
Atmosphere	분위기
Boots	부츠
Cave	동굴
Challenges	도전
Curiosity	호기심
Expert	전문가
Gloves	장갑
Guides	가이드
Helmet	헬멧
Hiking	하이킹
Injury	부상
Map	지도
Narrow	좁은
Stability	안정성
Strength	힘
Terrain	지형
Training	훈련

Clothes
의류

Apron	앞치마
Belt	벨트
Blouse	블라우스
Bracelet	팔찌
Coat	코트
Dress	드레스
Fashion	패션
Gloves	장갑
Hat	모자
Jacket	재킷
Jeans	청바지
Jewelry	보석류
Pajamas	잠옷
Pants	바지
Sandals	샌들
Scarf	스카프
Shirt	셔츠
Shoe	구두
Skirt	치마
Sweater	스웨터

Colors
색상

Azure	하늘빛
Beige	베이지
Black	블랙
Blue	블루
Brown	갈색
Cyan	시안
Fuchsia	자홍색
Green	녹색
Grey	회색
Indigo	남빛
Magenta	마젠타
Orange	오렌지
Pink	분홍
Purple	보라색
Red	빨간색
Sepia	세피아
Violet	바이올렛
White	하얀
Yellow	노란색

Comedy
코미디

Actor	배우
Actress	여배우
Applause	박수
Audience	청중
Clever	영리한
Clowns	광대
Expressive	나타내는
Fun	재미
Genre	장르
Humor	기분
Improvisation	즉흥 연주
Jokes	농담
Laughter	웃음
Parody	패러디
Television	텔레비전
Theater	극장

Conservation
보존

Changes	변경
Chemicals	화학 물질
Climate	기후
Cycle	주기
Ecosystem	생태계
Education	교육
Environmental	환경
Green	녹색
Habitat	서식지
Health	건강
Natural	자연스러운
Organic	유기농
Pesticide	농약
Pollution	오염
Sustainable	지속 가능한
Water	물

Countries #2
국가 #2

Albania	알바니아
Denmark	덴마크
Ethiopia	에티오피아
Greece	그리스
Haiti	아이티
Jamaica	자메이카
Japan	일본
Laos	라오스
Lebanon	레바논
Liberia	라이베리아
Mexico	멕시코
Nepal	네팔
Nigeria	나이지리아
Pakistan	파키스탄
Russia	러시아
Somalia	소말리아
Sudan	수단
Syria	시리아
Uganda	우간다
Ukraine	우크라이나

Dance
댄스

Academy	학원
Art	예술
Body	몸
Choreography	안무
Classical	고전
Culture	문화
Emotion	감정
Expressive	나타내는
Grace	은혜
Joyful	즐거운
Movement	운동
Music	음악
Partner	파트너
Posture	자세
Rehearsal	리허설
Rhythm	리듬
Traditional	전통적
Visual	시각

Days and Months
일 및 월

August	팔월
Calendar	달력
Friday	금요일
July	칠월
March	행진
Monday	월요일
Month	월
November	십일월
October	십월
Saturday	토요일
September	구월
Sunday	일요일
Thursday	목요일
Tuesday	화요일
Wednesday	수요일
Week	주
Year	년

Dinosaurs
공룡

Disappearance	소실
Earth	지구
Enormous	거대한
Evolution	진화
Fossils	화석
Herbivore	초식 동물
Large	큰
Mammoth	매머드
Omnivore	잡식성
Powerful	강한
Prehistoric	선사 시대
Prey	먹이
Reptile	파충류
Size	크기
Species	종
Tail	꼬리
Vicious	악순환
Wings	날개

Driving
드라이빙

Accident	사고
Brakes	브레이크
Car	차
Danger	위험
Driver	운전사
Fuel	연료
Garage	차고
Gas	가스
License	특허
Map	지도
Motor	모터
Motorcycle	오토바이
Pedestrian	보행자
Police	경찰
Road	도로
Safety	안전
Speed	속도
Traffic	교통
Truck	트럭
Tunnel	터널

Ecology
생태학

Climate	기후
Communities	커뮤니티
Diversity	다양성
Drought	가뭄
Fauna	동물군
Flora	플로라
Global	글로벌
Habitat	서식지
Marine	선박
Marsh	습지
Mountains	산
Natural	자연스러운
Nature	자연
Plants	식물
Resources	자원
Species	종
Survival	생존
Sustainable	지속 가능한
Variety	종류
Vegetation	초목

Exploration
탐사

Activity	활동
Animals	동물
Courage	용기
Cultures	문화
Determination	결정
Discovery	발견
Distant	먼
Excitement	흥분
Exhaustion	피로
Hazards	위험
Language	언어
New	새로운
Perilous	위험한
Space	우주
Terrain	지형
Travel	여행
Wild	야생

Family
패밀리

Ancestor	선조
Aunt	이모
Brother	형
Child	아이
Childhood	어린 시절
Children	어린이
Cousin	사촌
Daughter	딸
Father	아버지
Grandfather	할아버지
Grandson	손자
Husband	남편
Maternal	모성
Mother	어머니
Nephew	조카
Niece	조카딸
Paternal	부계
Sister	자매
Uncle	삼촌
Wife	아내

Farm #1
농장 #1

Agriculture	농업
Bee	벌
Bison	들소
Calf	송아지
Cat	고양이
Chicken	닭
Cow	소
Crow	까마귀
Dog	개
Donkey	당나귀
Fence	울타리
Fertilizer	비료
Field	들
Goat	염소
Hay	건초
Honey	꿀
Horse	말
Rice	쌀
Seeds	씨앗
Water	물

Farm #2
농장 #2

Animals	동물
Barley	보리
Barn	헛간
Corn	옥수수
Duck	오리
Farmer	농부
Food	음식
Fruit	과일
Irrigation	관개
Lamb	양고기
Llama	라마
Meadow	목초지
Milk	우유
Orchard	과수원
Sheep	양
Shepherd	목자
Tractor	트랙터
Vegetable	야채
Wheat	밀
Windmill	풍차

Fishing
낚시

Bait	미끼
Basket	바구니
Beach	해변
Boat	배
Equipment	장비
Exaggeration	과장
Fins	지느러미
Gills	아가미
Hook	훅
Jaw	턱
Lake	호수
Ocean	대양
Patience	인내
River	강
Scales	저울
Season	계절
Water	물
Weight	무게
Wire	철사

Flowers
꽃

Bouquet	꽃다발
Calendula	금송화
Clover	클로버
Daffodil	수선화
Daisy	데이지
Dandelion	민들레
Gardenia	치자
Hibiscus	히비스커스
Jasmine	재스민
Lavender	라벤더
Lilac	라일락
Lily	백합
Magnolia	목련
Orchid	난초
Peony	모란
Petal	꽃잎
Plumeria	플루메리아
Poppy	양귀비
Sunflower	해바라기
Tulip	튤립

Food #1
식품 #1

Apricot	살구
Barley	보리
Basil	바질
Carrot	당근
Cinnamon	계피
Garlic	마늘
Juice	주스
Lemon	레몬
Milk	우유
Onion	양파
Peanut	땅콩
Pear	배
Salad	샐러드
Salt	소금
Soup	수프
Spinach	시금치
Strawberry	딸기
Sugar	설탕
Tuna	참치
Turnip	순무

Food #2
식품 #2

Apple	사과
Artichoke	아티초크
Banana	바나나
Broccoli	브로콜리
Celery	셀러리
Cheese	치즈
Cherry	체리
Chicken	닭
Chocolate	초콜릿
Egg	계란
Eggplant	가지
Fish	물고기
Grape	포도
Ham	햄
Kiwi	키위
Mushroom	버섯
Rice	쌀
Tomato	토마토
Wheat	밀
Yogurt	요거트

Fruit
과일

Apple	사과
Apricot	살구
Avocado	아보카도
Banana	바나나
Berry	베리
Cherry	체리
Coconut	코코넛
Fig	무화과
Grape	포도
Guava	구아바
Kiwi	키위
Lemon	레몬
Mango	망고
Melon	멜론
Nectarine	천도 복숭아
Papaya	파파야
Peach	복숭아
Pear	배
Pineapple	파인애플
Raspberry	라즈베리

Furniture
가구

Armchair	안락의자
Bed	침대
Bench	벤치
Bookcase	책장
Chair	의자
Couch	소파
Curtains	커튼
Cushions	쿠션
Desk	책상
Futon	이불
Hammock	해먹
Lamp	램프
Mattress	매트리스
Mirror	거울
Pillow	베개
Rug	깔개
Shelves	선반

Garden
가든

Bench	벤치
Bush	부시
Fence	울타리
Flower	꽃
Garage	차고
Garden	정원
Grass	잔디
Hammock	해먹
Hose	호스
Orchard	과수원
Pond	연못
Porch	현관
Rake	갈퀴
Rocks	바위
Shovel	삽
Soil	토양
Terrace	테라스
Trampoline	트램폴린
Tree	나무
Weeds	잡초

Geography
지리학

Altitude	고도
Atlas	아틀라스
City	도시
Continent	대륙
Country	국가
Hemisphere	반구
Island	섬
Latitude	위도
Map	지도
Meridian	자오선
Mountain	산
North	북쪽
Ocean	대양
Region	지역
River	강
Sea	바다
South	남쪽
Territory	영토
West	서쪽
World	세계

Geology
지질학

Acid	산
Calcium	칼슘
Cavern	동굴
Continent	대륙
Coral	산호
Crystals	크리스탈
Cycles	주기
Earthquake	지진
Erosion	부식
Fossil	화석
Geyser	간헐천
Lava	용암
Layer	층
Minerals	탄산수
Plateau	고원
Quartz	석영
Salt	소금
Stalactite	종유석
Stone	돌
Volcano	화산

Hair Types
헤어 타입

Bald	대머리
Black	블랙
Blond	금발
Braided	끈
Braids	머리띠
Brown	갈색
Curly	곱슬
Dry	마른
Gray	회색
Healthy	건강한
Long	긴
Shiny	빛나는
Short	짧은
Silver	은
Smooth	매끄러운
Soft	부드러운
Thick	두꺼운
Thin	얇은
White	하얀

Herbalism
약초학

Aromatic	방향족
Basil	바질
Beneficial	유익한
Culinary	요리
Fennel	회향
Flavor	맛
Flower	꽃
Garden	정원
Garlic	마늘
Green	녹색
Ingredient	성분
Lavender	라벤더
Marjoram	마조람
Mint	민트
Oregano	오레가노
Parsley	파슬리
Plant	식물
Rosemary	로즈마리
Saffron	사프란
Tarragon	타라곤

Hiking
하이킹

Animals	동물
Boots	부츠
Camping	캠핑
Cliff	낭떠러지
Climate	기후
Guides	가이드
Hazards	위험
Heavy	무거운
Map	지도
Mountain	산
Nature	자연
Orientation	정위
Parks	공원
Preparation	준비
Stones	돌
Summit	서밋
Sun	태양
Tired	피곤한
Water	물
Wild	야생

House
하우스

Attic	애틱
Broom	비
Curtains	커튼
Door	문
Fence	울타리
Fireplace	난로
Floor	바닥
Furniture	가구
Garage	차고
Garden	정원
Keys	키
Kitchen	부엌
Lamp	램프
Library	도서관
Mirror	거울
Roof	지붕
Room	방
Shower	샤워
Wall	벽
Window	창

Human Body
인체

Ankle	발목
Blood	피
Bones	뼈
Brain	뇌
Chin	턱
Ear	귀
Elbow	팔꿈치
Face	얼굴
Finger	손가락
Hand	손
Head	머리
Heart	심장
Knee	무릎
Leg	다리
Lips	입술
Mouth	입
Neck	목
Nose	코
Shoulder	어깨
Skin	피부

Insects
곤충

Ant	개미
Aphid	진딧물
Bee	벌
Beetle	딱정벌레
Butterfly	나비
Cicada	매미
Cockroach	바퀴벌레
Dragonfly	잠자리
Flea	벼룩
Grasshopper	메뚜기
Ladybug	무당벌레
Larva	유충
Mantis	사마귀
Mosquito	모기
Moth	나방
Termite	흰개미
Wasp	말벌
Worm	벌레

Kitchen
키친

Apron	앞치마
Bowl	그릇
Chopsticks	젓가락
Cups	컵
Food	음식
Forks	포크
Freezer	냉동고
Grill	그릴
Jar	항아리
Kettle	주전자
Knives	칼
Ladle	국자
Napkin	냅킨
Oven	오븐
Recipe	레시피
Refrigerator	냉장고
Spices	향신료
Sponge	스펀지
Spoons	숟가락

Landscapes
풍경

Beach	해변
Cave	동굴
Desert	사막
Geyser	간헐천
Glacier	빙하
Hill	언덕
Iceberg	빙산
Island	섬
Lake	호수
Mountain	산
Oasis	오아시스
Ocean	대양
Peninsula	반도
River	강
Sea	바다
Swamp	늪
Tundra	동토대
Valley	골짜기
Volcano	화산
Waterfall	폭포

Literature
문학

Analogy	유추
Analysis	분석
Anecdote	일화
Author	저자
Biography	전기
Comparison	비교
Conclusion	결론
Description	설명
Dialogue	대화
Metaphor	은유
Narrator	내레이터
Novel	소설
Opinion	의견
Poem	시
Poetic	시적
Rhyme	운
Rhythm	리듬
Style	스타일
Theme	주제
Tragedy	비극

Mammals
포유류

Bear	곰
Beaver	비버
Bull	황소
Cat	고양이
Coyote	코요테
Dog	개
Dolphin	돌고래
Elephant	코끼리
Fox	여우
Giraffe	기린
Gorilla	고릴라
Horse	말
Kangaroo	캥거루
Lion	사자
Monkey	원숭이
Rabbit	토끼
Sheep	양
Whale	고래
Wolf	늑대
Zebra	얼룩말

Math
수학

Angles	각도
Arithmetic	산수
Circumference	둘레
Decimal	십진수
Diameter	지름
Equation	방정식
Exponent	멱지수
Fraction	분수
Geometry	기하학
Numbers	숫자
Parallel	평행
Parallelogram	평행사변형
Perpendicular	수직
Polygon	다각형
Radius	반지름
Rectangle	직사각형
Square	정사각형
Symmetry	대칭
Triangle	삼각형
Volume	음량

Measurements
측정값

Byte	바이트
Centimeter	센티미터
Decimal	십진수
Degree	정도
Depth	깊이
Gram	그램
Height	키
Inch	인치
Kilogram	킬로그램
Kilometer	킬로미터
Length	길이
Liter	리터
Mass	질량
Meter	미터
Minute	분
Ounce	온스
Ton	톤
Volume	음량
Weight	무게
Width	너비

Meditation
명상

Acceptance	수락
Attention	주의
Awake	깨어
Breathing	호흡
Clarity	선명도
Compassion	연민
Emotions	감정
Gratitude	감사
Habits	습관
Happiness	행복
Kindness	친절
Mental	정신
Mind	마음
Movement	운동
Music	음악
Nature	자연
Peace	평화
Perspective	관점
Silence	침묵
Thoughts	생각

Musical Instruments
악기

Banjo	밴조
Bassoon	바순
Cello	첼로
Chimes	차임
Clarinet	클라리넷
Drum	북
Flute	플루트
Gong	징
Guitar	기타
Harp	하프
Mandolin	만돌린
Marimba	마림바
Oboe	오보에
Percussion	타악기
Piano	피아노
Saxophone	색소폰
Tambourine	탬버린
Trombone	트롬본
Trumpet	트럼펫
Violin	바이올린

Mythology
신화

Archetype	원형
Behavior	행동
Beliefs	신념
Creation	창조
Creature	생물
Culture	문화
Deities	신
Disaster	재해
Heaven	천국
Hero	영웅
Immortality	불사
Jealousy	질투
Labyrinth	미궁
Legend	전설
Lightning	번개
Monster	괴물
Revenge	복수
Strength	힘
Thunder	천둥
Warrior	전사

Nature
네이처

Animals	동물
Arctic	북극
Beauty	아름다움
Bees	꿀벌
Cliffs	절벽
Clouds	구름
Desert	사막
Dynamic	동적
Erosion	부식
Fog	안개
Foliage	잎
Forest	숲
Glacier	빙하
Mountains	산
Peaceful	평화로운
River	강
Sanctuary	성역
Serene	고요한
Tropical	열대
Wild	야생

Numbers
숫자

Decimal	십진수
Eight	여덟
Eighteen	십팔
Fifteen	열 다섯
Five	다섯
Four	포
Fourteen	십사
Nine	아홉
Nineteen	열아홉
One	하나
Seven	일곱
Seventeen	열일곱
Six	여섯
Sixteen	식스틴
Ten	십
Thirteen	열셋
Three	삼
Twelve	열두
Twenty	스물
Two	두

Nutrition
영양

Appetite	식욕
Balanced	균형 잡힌
Bitter	쓴
Calories	칼로리
Carbohydrates	탄수화물
Diet	다이어트
Digestion	소화
Edible	식용
Fermentation	발효
Flavor	맛
Habits	습관
Health	건강
Healthy	건강한
Nutrient	영양소
Proteins	단백질
Quality	품질
Sauce	소스
Toxin	독소
Vitamin	비타민
Weight	무게

Ocean
바다

Algae	조류
Coral	산호
Crab	게
Dolphin	돌고래
Eel	장어
Fish	물고기
Jellyfish	해파리
Octopus	문어
Oyster	굴
Reef	암초
Salt	소금
Seaweed	해초
Shark	상어
Shrimp	새우
Sponge	스펀지
Storm	폭풍
Tides	조수
Tuna	참치
Turtle	거북이
Whale	고래

Pets
애완동물

Cat	고양이
Claws	발톱
Collar	칼라
Cow	소
Dog	개
Fish	물고기
Food	음식
Goat	염소
Hamster	햄스터
Lizard	도마뱀
Mouse	쥐
Parrot	앵무새
Paws	발
Puppy	강아지
Rabbit	토끼
Tail	꼬리
Turtle	거북이
Veterinarian	수의사
Water	물

Pirates
해적

Adventure	모험
Anchor	닻
Bad	나쁜
Beach	해변
Captain	선장
Cave	동굴
Coins	동전
Compass	나침반
Crew	승무원
Danger	위험
Flag	깃발
Gold	금
Island	섬
Legend	전설
Map	지도
Parrot	앵무새
Rum	럼
Scar	흉터
Sword	검
Treasure	보물

Plants
식물

Bamboo	대나무
Bean	콩
Berry	베리
Botany	식물학
Bush	부시
Cactus	선인장
Fertilizer	비료
Flora	플로라
Flower	꽃
Foliage	잎
Forest	숲
Garden	정원
Grass	잔디
Ivy	아이비
Moss	이끼
Petal	꽃잎
Root	뿌리
Stem	줄기
Tree	나무
Vegetation	초목

Professions #1
직업 #1

Ambassador	대사
Astronomer	천문학자
Attorney	변호사
Banker	은행가
Cartographer	지도 제작자
Coach	코치
Dancer	댄서
Doctor	의사
Editor	편집자
Geologist	지질학자
Hunter	사냥꾼
Jeweler	보석상
Musician	음악가
Nurse	간호사
Pianist	피아니스트
Plumber	배관공
Psychologist	심리학자
Sailor	선원
Tailor	재단사
Veterinarian	수의사

Professions #2
직업 #2

Astronaut	우주 비행사
Biologist	생물학자
Dentist	치과 의사
Detective	형사
Engineer	엔지니어
Farmer	농부
Gardener	정원사
Illustrator	일러스트레이터
Inventor	발명자
Journalist	기자
Librarian	사서
Linguist	언어학자
Painter	화가
Philosopher	철학자
Photographer	사진 작가
Physician	의사
Pilot	조종사
Surgeon	외과 의사
Teacher	선생님
Zoologist	동물학자

Rainforest
열대 우림

Amphibians	양서류
Birds	조류
Botanical	식물
Climate	기후
Clouds	구름
Community	커뮤니티
Diversity	다양성
Insects	곤충
Jungle	밀림
Mammals	포유류
Moss	이끼
Nature	자연
Preservation	보존
Refuge	피난
Respect	존중
Restoration	복구
Species	종
Survival	생존
Valuable	귀중한

Restaurant #1
레스토랑 #1

Allergy	알레르기
Bowl	그릇
Bread	빵
Chicken	닭
Coffee	커피
Dessert	디저트
Food	음식
Ingredients	재료
Kitchen	부엌
Knife	칼
Meat	고기
Menu	메뉴
Napkin	냅킨
Reservation	예약
Sauce	소스
Spicy	매운
Waitress	웨이트리스

Restaurant #2
레스토랑 #2

Appetizer	전채
Beverage	음료
Cake	케이크
Chair	의자
Delicious	맛있는
Dinner	저녁 식사
Fish	물고기
Fork	포크
Fruit	과일
Ice	얼음
Lunch	점심
Noodles	국수
Salad	샐러드
Salt	소금
Soup	수프
Spices	향신료
Spoon	숟가락
Vegetables	채소
Waiter	웨이터
Water	물

School #1
학교 #1

Alphabet	알파벳
Answers	답변
Books	책
Chair	의자
Classroom	교실
Desk	책상
Exams	시험
Folders	폴더
Friends	친구
Fun	재미
Library	도서관
Lunch	점심
Markers	마커
Math	수학
Numbers	숫자
Paper	종이
Pencil	연필
Pens	펜
Quiz	퀴즈
Teacher	선생님

School #2
학교 #2

Activities	활동
Backpack	배낭
Books	책
Bus	버스
Calendar	달력
Computer	컴퓨터
Dictionary	사전
Education	교육
Eraser	지우개
Friends	친구
Games	게임
Grammar	문법
Homework	숙제
Library	도서관
Literature	문학
Math	수학
Paper	종이
Pencil	연필
Science	과학
Scissors	가위

Science
과학

Atom	원자
Chemical	화학
Climate	기후
Data	데이터
Evolution	진화
Experiment	실험
Fact	사실
Fossil	화석
Gravity	중력
Hypothesis	가설
Laboratory	실험실
Method	방법
Minerals	탄산수
Molecules	분자
Nature	자연
Organism	유기체
Particles	입자
Physics	물리학
Plants	식물
Scientist	과학자

Science Fiction
사이언스 픽션

Atomic	원자
Books	책
Chemicals	화학 물질
Cinema	영화
Clones	클론
Dystopia	디스토피아
Explosion	폭발
Fantastic	환상적인
Fire	불
Futuristic	미래
Galaxy	은하
Illusion	환상
Imaginary	상상의
Mysterious	신비한
Oracle	오라클
Planet	행성
Robots	로봇
Technology	기술
Utopia	유토피아
World	세계

Scientific Disciplines
과학 분야

Anatomy	해부
Archaeology	고고학
Astronomy	천문학
Biochemistry	생화학
Biology	생물학
Botany	식물학
Chemistry	화학
Ecology	생태학
Geology	지질학
Immunology	면역학
Kinesiology	운동학
Linguistics	언어학
Mechanics	역학
Mineralogy	광물학
Neurology	신경학
Physiology	생리학
Psychology	심리학
Sociology	사회학
Thermodynamics	열역학
Zoology	동물학

Shapes
셰이프

Arc	호
Circle	원
Cone	원뿔
Corner	모서리
Cube	입방체
Curve	곡선
Cylinder	실린더
Edges	가장자리
Ellipse	타원
Hyperbola	쌍곡선
Line	선
Oval	타원형
Polygon	다각형
Prism	프리즘
Pyramid	피라미드
Rectangle	직사각형
Side	측면
Sphere	구체
Square	정사각형
Triangle	삼각형

Spices
향신료

Anise	아니스
Bitter	쓴
Cardamom	카르다몸
Cinnamon	계피
Clove	정향
Coriander	고수풀
Cumin	커민
Curry	카레
Fennel	회향
Fenugreek	호로파
Flavor	맛
Garlic	마늘
Ginger	생강
Nutmeg	육두구
Onion	양파
Paprika	파프리카
Saffron	사프란
Salt	소금
Sweet	달콤한
Vanilla	바닐라

Sports
스포츠

Athlete	선수
Baseball	야구
Basketball	농구
Bicycle	자전거
Championship	챔피언십
Coach	코치
Game	게임
Golf	골프
Gymnasium	체육관
Gymnastics	체조
Hockey	하키
Movement	운동
Player	플레이어
Referee	심판
Stadium	경기장
Team	팀
Tennis	테니스
Winner	우승자

Summer
여름

Beach	해변
Books	책
Camping	캠핑
Diving	다이빙
Family	가족
Food	음식
Friends	친구
Games	게임
Garden	정원
Home	집
Joy	기쁨
Leisure	여가
Memories	추억
Music	음악
Relaxation	휴식
Sandals	샌들
Sea	바다
Stars	별
Travel	여행
Vacation	휴가

Surfing
서핑

Athlete	선수
Beach	해변
Beginner	초보자
Champion	챔피언
Crowds	군중
Foam	거품
Fun	재미
Ocean	대양
Popular	인기있는
Reef	암초
Speed	속도
Spray	스프레이
Stomach	위
Strength	힘
Style	스타일
Wave	파도
Weather	날씨

Technology
기술

Blog	블로그
Browser	브라우저
Bytes	바이트
Camera	카메라
Computer	컴퓨터
Cursor	커서
Data	데이터
Digital	디지털
File	파일
Font	글꼴
Internet	인터넷
Message	메시지
Research	연구
Screen	화면
Security	보안
Software	소프트웨어
Statistics	통계
Virtual	가상
Virus	바이러스

Time
시간

Annual	연간
Before	전에
Calendar	달력
Century	세기
Clock	시계
Day	일
Decade	십년
Early	일찍
Future	미래
Hour	시간
Minute	분
Month	월
Morning	아침
Night	밤
Noon	정오
Now	지금
Soon	곧
Today	오늘
Week	주
Year	년

To Fill
채우기

Bag	가방
Barrel	통
Basin	분지
Basket	바구니
Bottle	병
Box	상자
Bucket	버킷
Carton	판지
Drawer	서랍
Envelope	봉투
Folder	폴더
Jar	항아리
Packet	패킷
Pocket	포켓
Suitcase	여행 가방
Tray	쟁반
Tube	튜브
Vase	꽃병

Tools
도구

Axe	도끼
Cable	케이블
Glue	접착제
Hammer	망치
Knife	칼
Ladder	사다리
Pliers	펜치
Razor	면도기
Rope	밧줄
Scissors	가위
Screw	나사
Shovel	삽
Staple	스테이플
Stapler	호치키스
Torch	토치
Wheel	휠

Town
타운

Airport	공항
Bakery	빵집
Bank	은행
Bookstore	서점
Cinema	영화
Clinic	진료소
Florist	플로리스트
Gallery	갤러리
Hotel	호텔
Library	도서관
Market	시장
Museum	박물관
Pharmacy	약국
School	학교
Stadium	경기장
Store	가게
Supermarket	슈퍼마켓
Theater	극장
University	대학
Zoo	동물원

Toys
장난감

Airplane	비행기
Ball	공
Bicycle	자전거
Boat	배
Books	책
Car	차
Chess	체스
Clay	점토
Crafts	공예
Crayons	크레용
Doll	인형
Drums	드럼
Favorite	좋아하는
Games	게임
Imagination	상상력
Kite	연
Puzzle	퍼즐
Robot	로봇
Train	기차
Truck	트럭

Vacation #2
휴가 #2

Airport	공항
Beach	해변
Camping	캠핑
Destination	목적지
Foreign	외국의
Foreigner	외국인
Holiday	휴일
Hotel	호텔
Island	섬
Journey	여행
Leisure	여가
Map	지도
Mountains	산
Passport	여권
Sea	바다
Taxi	택시
Tent	텐트
Train	기차
Transportation	교통
Visa	비자

Vegetables
야채

Artichoke	아티초크
Broccoli	브로콜리
Carrot	당근
Cauliflower	콜리플라워
Celery	셀러리
Cucumber	오이
Eggplant	가지
Garlic	마늘
Ginger	생강
Mushroom	버섯
Onion	양파
Parsley	파슬리
Pea	완두콩
Pumpkin	호박
Radish	무
Salad	샐러드
Shallot	샬롯
Spinach	시금치
Tomato	토마토
Turnip	순무

Vehicles
차량

Airplane	비행기
Ambulance	구급차
Bicycle	자전거
Boat	배
Bus	버스
Car	차
Caravan	캐러밴
Engine	엔진
Ferry	나룻배
Helicopter	헬리콥터
Motor	모터
Raft	뗏목
Rocket	로켓
Scooter	스쿠터
Submarine	잠수함
Subway	지하철
Taxi	택시
Tires	타이어
Tractor	트랙터
Truck	트럭

Visual Arts
비주얼 아트

Architecture	건축학
Artist	예술가
Chalk	분필
Charcoal	숯
Clay	점토
Composition	구성
Creativity	창의성
Easel	화가
Film	필름
Masterpiece	걸작
Pen	펜
Pencil	연필
Perspective	관점
Photograph	사진
Portrait	초상화
Pottery	도기
Sculpture	조각
Stencil	스텐실
Varnish	바니시
Wax	밀랍

Water
워터

Canal	운하
Evaporation	증발
Flood	홍수
Frost	서리
Geyser	간헐천
Humidity	습기
Hurricane	허리케인
Ice	얼음
Irrigation	관개
Lake	호수
Moisture	수분
Monsoon	우기
Ocean	대양
Rain	비
River	강
Shower	샤워
Snow	눈
Steam	증기
Waves	파도

Weather
날씨

Atmosphere	분위기
Breeze	미풍
Climate	기후
Cloud	구름
Drought	가뭄
Dry	마른
Fog	안개
Hurricane	허리케인
Ice	얼음
Lightning	번개
Monsoon	우기
Polar	극선
Rainbow	무지개
Sky	하늘
Storm	폭풍
Temperature	온도
Thunder	천둥
Tornado	토네이도
Tropical	열대
Wind	바람

Congratulations

You made it!

We hope you enjoyed this book as much as we enjoyed making it. We do our best to make high quality games.
These puzzles are designed in a clever way for you to learn actively while having fun!

Did you love them?

A Simple Request

Our books exist thanks your reviews. Could you help us by leaving one now?

Here is a short link which will take you to your order review page:

BestBooksActivity.com/Review50

MONSTER CHALLENGE!

Challenge #1

Ready for Your Bonus Game? We use them all the time but they are not so easy to find. Here are **Synonyms**!

Note 5 words you discovered in each of the Puzzles noted below (#21, #36, #76) and try to find 2 synonyms for each word.

*Note 5 Words from **Puzzle 21***

Words	Synonym 1	Synonym 2

*Note 5 Words from **Puzzle 36***

Words	Synonym 1	Synonym 2

*Note 5 Words from **Puzzle 76***

Words	Synonym 1	Synonym 2

Challenge #2

Now that you are warmed-up, note 5 words you discovered in each Puzzle noted below (#9, #17, #25) and try to find 2 antonyms for each word. How many lines can you do in 20 minutes?

Note 5 Words from **Puzzle 9**

Words	Antonym 1	Antonym 2

Note 5 Words from **Puzzle 17**

Words	Antonym 1	Antonym 2

Note 5 Words from **Puzzle 25**

Words	Antonym 1	Antonym 2

Challenge #3

Wonderful, this monster challenge is nothing to you!

Ready for the last one? Choose your 10 favorite words discovered in any of the Puzzles and note them below.

1.	6.
2.	7.
3.	8.
4.	9.
5.	10.

Now, using these words and within a maximum of six sentences, your challenge is to compose a text about a person, animal or place that you love!

Tip: You can use the last blank page of this book as a draft!

Your Writing:

Explore a Unique Store Set Up **FOR YOU!**

MEGA DEALS

BestActivityBooks.com/TheStore

Designed for Entertainment!

Light Up Your Brain With Unique **Gift Ideas**.

Access **Surprising** And **Essential Supplies!**

CHECK OUT OUR MONTHLY SELECTION NOW!

- Expertly Crafted Products -

NOTEBOOK:

SEE YOU SOON!

Linguas Classics Team

ENJOY FREE GAMES

NOW ON

↓

BESTACTIVITYBOOKS.COM/FREEGAMES

www.ingramcontent.com/pod-product-compliance
Lightning Source LLC
LaVergne TN
LVHW060317080526
838202LV00053B/4359